이젠 없는 것들 1

이젠 없는 것들 1

그리움 가득, 추억 고즈넉이

김열규 지음

문학과지성사
2013

이젠 없는 것들 1
: 그리움 가득, 추억 고즈넉이

제1판 제1쇄 2013년 2월 28일
제1판 제4쇄 2014년 2월 19일

지은이 김열규
펴낸이 주일우
펴낸곳 ㈜문학과지성사
등록번호 제1993-000098호
주소 121-840 서울 마포구 서교동 395-2
전화 02)338-7224
팩스 02)323-4180(편집) 02)338-7221(영업)
전자우편 moonji@moonji.com
홈페이지 www.moonji.com

ISBN 978-89-320-2385-4
ISBN 978-89-320-2384-7(전 2권)

그립다 말을 할까,
하니 그리워

그립다
말을 할까
하니 그리워

그냥 갈까
그래도
다시 더 한 번…

저 산에도 까마귀, 들에 까마귀,
서산에는 해 진다고
지저귑니다.

앞 강물, 뒷 강물
흐르는 물은
어서 따라오라고 따라가자고
흘러도 연달아 흐릅디다려.

—김소월, 「가는 길」

저무는 해, 지저귀는 까마귀로 그리움은 더 한층 짙어진다. 흐르는 강물마저 그리움을 채근하고 있다. 온 천지에 그리움이 자욱하다.

그리움은 아쉬움이고 소망이다. 놓쳐버린 것, 잃어버린 것에 부치는 간절한 소망. 그런데 이제 바야흐로 우리 한국인이라면 누구나 사무치는 그리움으로 애달픔에 젖는 것, 그건 뭘까? 지금은 가고 없는 것, 지금은 사라져버린 것, 하지만 꿈엔들 못 잊을 것은 뭘까? 그래서 서러움에 젖는 건 또 뭘까?

우리들의 정서가 기틀을 잡은 어머니의 품과도 같은 것, 우리들 누구나의 마음의 고향과도 같은 것, 그래서 한시라도 잊지 못하는 것들…… 이제 그런 것들이 하고많다. 너무나 많아지고 말았다. 없어졌기에 차마 잊을 수 없는 것! 사라져버렸기에 오히려 더 마음에 사무치는 것! 그래서 고향과도 같고 어머니 품과도 같이 정겨운 것! 여기 그런 것을 다독거려놓았다. 가만가만 등 두들기고 가슴 어루만지듯이 챙겨놓았다.

첫째로는 우리들 감각으로 되돌아보는 것을 모아보았다. 눈에 삼삼 어리고, 귀에 자욱하고, 코며 입에 어릿대는 것들을 한자리에 모았다.

둘째로는 우리들 마음과 가슴에 저려 들어 사무치는 것들을 모아보았다. 우리들 가슴을 짚어내듯이, 우리들 정서를 갈무리하듯이 챙겨놓으려 마음 쓰는 대로 썼다.

이제 이 책으로 해서 다 함께 우리들 정서를 가꾼 어머니 품으로 돌아가게 되기 바란다. 바야흐로 이 책과 더불어서 우리들 마음의 안태 고향에 깃들게 되기를 바란다.

2012년 12월

경남 고성 자란만 물가에서

김열규

머리말

첫째 마당 귀에 사무치고 코에 서린 것들

소리들
낙숫물 소리 • 타작 소리 • 다듬이 소리 • 아낙네들 떨이하는 소리 • 방아 소리 • 풀피리, 버들피리 소리 • 닭 울음 • 황소 울음 • 할아버지 담뱃대 터는 소리 • 할머니 군소리

냄새들
깨, 콩 볶는 냄새 • 술 익는 냄새 • 누룽지, 숭늉

삼삼한 정경들
처마 끝 고드름 • 처마 밑 제비집

둘째 마당 사라져가는 풍습들

까치야, 묵은 이는 네가 가지고 내겐 새 이 다오 • 묵은세배와 까치설날 • 세이레와 백일 • 세배꾼과 세뱃돈 타러 다니는 길 • 귀신 속여 먹던 쳇바퀴 • 질화로에 둘러앉아서 • 화톳불 피워 놓고 • 봉홧불이 타오르면

셋째 마당 갖가지 놀이들

가지가지 치기와 차기
놀이판의 정경 • 신나는 엿판 • 엿치기하는 그 잔치판 • 돈치기, 그것이 일러주는 귀한 가르침 • 짱치기와 소 • 짱치기라는 하키 게임 • 제기차기 • 자치기 • 비사치기1: 발, 무릎, 가슴으로 • 비사치기2: 어깨, 턱, 머리 그리고 등으로 • 시차기

마음에 사무치고 가슴에 울리는

눈에 삼삼거리며 마음에 사무치는 것.
눈앞에 있지 않은데도,
마치 있는 것처럼 어느 모습이,
어떤 정경이 어릿대는 것.
그것은 마음에 사무쳐서는
눈으로 직접 보는 듯이 빚어지는 모습이고 정경.
그것에는 아쉬움이 어리고 그리움이 서리나니
그것은 가슴으로 그려내는 모습과 정경이려니.

마을 안팎:
그 정겨운 삶의 터전들

마을! 동네! 그것은 고향을 부르는 소리다. 정이 오가고 가슴이 다독거려지는 기척이 두 낱말에 서려 있다. 무릇 마을도 동네도 마음의 고향이다.

마을에는 고샅이 굽이돈다. 집과 집, 울과 울 사이, 시골 농촌 마을의 좁다란 골목길, 그게 고샅이다. 고샅은 마음의 골목, 정의 골목길이다. 그 고샅, 그 골목을 끼고 우리의 시골 마을이 어울렸대도 과언은 아니다. 그러자니 꼬맹이들은 고샅이며 그 골목을 놀이터로 삼게 마련이었다. 한데 지금, 마을…… 동네…… 고샅…… 그 정겨운 이름이 우리에게서 멀어져가고 있어 안타깝다! 겉보기로는 옛 모습 그냥 그대로 간직하고 있는 듯 보일지 모르지만 실상은 그렇지 않다. 식솔이 모두 도시로 떠난 시골에는 빈집이 적지 않다. 오래 비워두고 돌보지 않았으니, 시골집들은 흉물로 내버려진 채 허물어져가고 있다. 지붕은 힘없이 무너져 내리고, 장지문이 바람에 뜯겨 나간 벽은 볼품없이 내려앉고 있다. 게다가 온통 잡초가 들끓는 뜰은 족제

✢

13

비 소굴이 된 지 오래다. 이따금 너구리며 오소리가 제 둥지 드나들 듯한다.

마을은 한국인이 대대로 살아왔고, 또 지켜온 생활의 터전이요 모태 같은 공간이다. 그런데 어머니 품과도 같은 바로 그곳이 지금은 헐벗고 있다. 적지 않은 지역에서 마을은 폐허로 바뀌고 있다. 그러다 보니 한국인의 오래고 오랜 문화며 생활양식이나 풍습도 기울어가고 있다. 한국적인 전통이 이울어가고 있는 것이다. 우리들 마음에서 우리들 고향이 시들어가고 있는 것이다.

고샅

> 건지산 날망에 비를 잔뜩 머금은 먹구름이 그 치렁치렁한 자락을 묵직하게 늘어뜨릴 무렵이면 으레 미친년 하나가 나타나 온 마을을 한바탕씩 휘젓고 다니곤 하였다. 이와 때를 맞추어 논두렁이나 고샅길에서는 수많은 하루살이들이 마치 커다란 공처럼 까맣게 떼뭉쳐 우리들 키 높이로 빙글빙글 어지러이 맴돌면서 멀리서 들리는 휘파람 같은 소리를 지르곤 하였다.
>
> ──윤흥길, 「무지개는 언제 뜨는가」 중에서

도시에 살고 있는 사람들에게 '고샅길'이란, 길은 길일 테지만 그 구체적인 모양은 잘 떠오르지 않을 것 같다. 고샅, 고샅길…… 그런 건 도시에 없기 때문이다. 거리는 있어도 고샅이며 고샅길은 눈을 비비고 보아도 안 보인다.

시골 농촌 마을 안의 좁다란 골목길, 그걸 따로 일러서 고샅이라고 불러왔다. 글쎄, 마을이라야 대개는 스물에서 조금 모자라거나 조금 넘는 정도, 그쯤의 집들이 옹기종기 모여 앉은 사이로 구부정하게 나 있는 비좁은 골목길, 비껴 나 있듯이 굽이져서 돌아가는 골목길, 그걸 시골 마을에서는 고샅이라고 일렀다.

마을 들목의 제법 넓은 마당에서 안을 들여다보면, 고샅은 서너 발짝도 못 가서 이내 꼬부라지고 만다. 그렇게 꼬부라지는 즈음해서 고샅은 앞이 막힌다. 이쪽저쪽, 양쪽 집의 담장이 맞물린 게 보일 뿐이다. 그럴 때마다 마을 사람들은 그 모양이 꼭 저희들 창자 속 같다고 생각했을지도 모른다. 집 안에서 소곤대는 소리마저 들릴 것 같은 샛길, 그게 고샅이다. 담 너머에서 부르면 집 안에서 장지문이 열리고 울 너머에서 소리치면 부엌에서 일하다 말고 빤히 얼굴을 내미는 곳, 거기가 고샅이다.

담 또는 담장이라고 해봐야 돌담이거나 토담 아니면 흙에 돌 섞어서 빚어 올린 게 고작이다. 그런 작달막한 담들을 끼고 집들이 서로 다닥다닥 붙어서 이웃해 있는 골목, 그걸 우리는 고샅이라 부르면서 정들여왔다.

울바자 또는 바자울이란 이름의 얕은 나무 울타리가 있는 사립짝을 끼고, 너희 집 우리 집 할 것 없이 서로 이어져 있는 그 좁은 길. 바자울 너머, 그 어느 집 식솔이 주고받는 소리가 도란대는 골목길. 이웃사촌들의 정이 농익어 가는 곳. 그 길이 고샅이다.

토담 너머로, 울바자 너머로, "여깄소! 새로 담근 우리 집 햇된장 맛 좀 보소" 하고 사발이 넘어가면, "이봐요, 오늘 우리 집 별미 장만한 것, 입가심이나 하지" 하고 접시가 넘어왔다.

시골 농촌 마을의 고샅길. 집들이 옹기종기
모여 앉은 사이로 구부정하게 나 있는 비좁은
골목길, 비껴 나 있듯이 굽이져서 돌아가는
골목길이 고샅이다.

고샅은 어른들에게만 그런 구실을 했던 게 아니다. 꼬맹이들은 꼬맹이들
대로 고샅 안을 곧잘 헤집고 다녔다. 그래서는 놀이터로 삼았다. "종수야 나
와서 놀자!" 하고 사내아이가 소리 지르는 곁에서, "분이야 나 왔다. 줄넘기
안 할래?" 하고 여자아이들은 목청을 돋우었던 것이다.

고샅은 그런 곳이다. 언제나 공동체의 공간이었다. 서로 어우러져서 한
동아리, 한 패가 되는 공간이었다.

또 고샅은 아이들 숨바꼭질하기에도 안성맞춤이었다.
"머리카락 보인다! 꼭꼭 숨어라!"

구태여 그럴 것도 없다. 사방 천지가 꼭꼭 숨기에 안성맞춤이니까. 담장 바닥에 쪼그리거나 웅크려도 되었다. 고샅을 낀 어느 집이건 뛰어들어 숨으면 그만이었다. 부엌도 좋고 뒷간도 적격이다. 심하면 마침 식구들 없는 틈을 타서 사랑채에 몸을 숨겨도 되었다.

"날 잡아내면 용치!"

"머리카락도 안 보이지? 용용 죽겠지!"

이쯤 되면 숨바꼭질이며 술래잡기의 재미가 솔솔 나게 된다. 그 재미가 하늘 높은 줄 모르고 솟구친다. 술래는 벼름벼름, 고샅 구석구석을 샅샅이 뒤지고 다니자니 눈에 피멍이 들 지경이다. 하지만 워낙 술래 자신이 그전에 하고많이 숨어본지라, 그 경험을 살려서 그물 코 꿰듯이 뒤지고 살피고 다니게 마련이다. 그러자니 애가 타서 씩씩대고 약이 올라서 얼굴이 불그뎅뎅해진 채로 여기 들여다보고 저기 살펴보고 한다. 속옷 펼쳐서 이 잡듯이 뒤지고 다닌다.

하지만 숨는 아이들은 제 나름의 비밀 작전을 펼친다. 전략을 써도 아주 단단히 쓴다. 어느 집 뒤뜰이나 장독간 틈에 숨어도 되었다. 장독 뚜껑을 머리에 쓰고 옹그리면 경찰 수사대나 군대의 수색대가 와도 들킬 염려가 없다. 그야말로 '난공불락難攻不落', 백만 대군의 적들이 덮쳐 와도 거뜬히 숨은 자리를 지켜낼 것이다.

이래서 고샅은 숨바꼭질이며 술래잡기의 천하 명소가 되고 명당자리가 된다.

뿐만 아니다. 전쟁놀이터로도 고샅은 그저 그만이다. 고샅을 낀 담장은 진지가 되고 요새가 된다. 흙으로 빚은 뭉치거나 흙덩이거나 간에 서로 담 너머로 울타리 너머로 내던지면 그게 박격포의 탄약이 되고 소총의 총알이 되었다.

담을 끼고 총질이 한참 계속되고 나면, 문득 우세한 낌새를 차린 편에서 강냉이 대나 수숫대를 창날로 휘두르면서 고샅을 내달려서는 적군의 담장으로 된 진지 안으로 돌격을 감행해 잠시 육탄전이 벌어지기도 했다. 결국 돌격대가 이기면, 담장 위에 수수깡을 높이 쑤셔 박는다. 그건 승리의 기념비였다. 그러곤 그 곁에 올라서서 소리쳤다.

"만세! 만세! 또 만세!"

하지만 이젠 침묵이다. 고샅은 이제 기울고 없다. 울바자 넘나드는 사람들의 목소리가 없다. 거기 요새를 차리고 진을 친 꼬맹이들의 기척이 없다. 고샅은 망한 지 오랜 어느 왕국의 성벽과 다를 게 없이 폐허가 되어가고 있다.

솟대와 장승

솟아서 솟대,
높아서 솟대.

소슬한 솟대,
우뚝한 솟대.

솟대 나란히
장승이 서면
마을은

운수대통.

숯대는 이름 그대로 위로 솟아 오른 장대다. 기다랗게, 도도하게 치솟은 장대다. 하지만 솟은 장대이되, 예사 장대는 아니다. 숯대는 기념비記念碑이고, 신령을 모신 신주와 같은 것이다. 뿐만 아니라, 어떤 놀이패가 재주를 부리는 도구이기도 하다. 그 본색이며 쓰임새가 세 가지나 된다.

가령, 조선 시대 어느 마을에서 젊은이가 과거에 급제했다 치자. 그러면 마을 사람들은 그것을 반겨서는 숯대를 마을 어귀에 높다랗게 세웠다. 대개 붉은색이 칠해져 있었는데, 이런 경우 붉은색은 힘이나 권세를 나타냈다. 즉 숯대는 과거에 급제한 것을 기린 기념비인 셈이다. 과거에 급제해서 관헌, 곧 벼슬아치가 되는 게 조선 시대 선비들의 꿈이었는데, 그 이룩된 소망을 마을 전체가 축하하고 나서면서 붉은 숯대가 덩그렇게 세워졌던 것이다.

그런가 하면 마을 사람들은 숯대에다 대고 풍년을 빌기도 했다. 한해의 마지막 달인 섣달에 볍씨를 주머니에 싸서는 숯대 끝에다 높다랗게 매달았다. 그러고는 벼농사, 곧 쌀농사가 잘되기를 기도했던 것이다. 물론 숯대 끝에 매달려 있던 볍씨는 논에 씨앗으로 뿌려졌다.

물론 이들 두 가지 숯대는 모양새도 다르고 그 빛깔도 달랐지만, 사람들은 거기에 비슷한 생각을 담았었다. 앞의 숯대에는 권력을 다짐 두었고, 뒤엣것에는 풍년을 다짐 두었기 때문이다. 권세와 풍년, 그 둘은 조선 시대 사회가 간직했던 가장 큰 소망이었던 것이다.

그런가 하면 이들 두 숯대와는 얼토당토않게 별스런 숯대도 있었다. 요즘으로 말하자면 서커스의 재주 부리기나 다를 바 없는 일이 숯대를 타고 벌어졌다. '숯대쟁이'라 불리던 놀이패가 바로 그들인데, 그들은 높다란 장대

솟대는 솟은 장대이되, 예사 장대는 아니다. 기념비이고, 신령을 모신 신주와 같은 것이다. 마을 사람들은 솟대에다 대고 풍년을 빌기도 했다.

꼭대기까지 아슬아슬하게 타고 올라가서는 갖가지 곡예曲藝를 선보였다. 위
태롭고도 멋스런 몸놀림으로 재주를 부렸던 것이다. 어쩌면 원숭이들이 나
무를 타는 것과 마찬가지로.

　　장승은 우선 그 모양새가 사뭇 달랐다. 마을 어귀나 뒷동산쯤에 세워져
있기로는 솟대와 비슷했지만, 생김새는 아주 달랐다.
　　장승은 사람 모양을 한 인형과도 같은 것이다. 나무로 다듬어서 만들기
도 하고, 바위를 깎아서 만들기도 했다. 그러니까 어떤 장승은 석상石像이
고, 어떤 장승은 목상木像이었던 것인데, 쉬운 말로는 '돌 장승'이나 '나무
장승'이라 부르기도 했다.
　　장승은 대개 남녀가 한 쌍을 이루고 있었는데, 그 머리며 얼굴 모양은 사
람과 같았지만, 좀 무섭고 괴이쩍게 보인 것이 그 특색이었다. 한데 얼굴 아
래 몸통에는 문자가 새겨져 있었다. 남장승에는 '천하대장군天下大將軍', 여
장승에는 '지하여장군地下女將軍'. 이것은 그들이 맡은 요긴한 구실에 대해
일러준다. 하늘 아래 지상 세계에서 대장군으로서 사람들을 지켜주는 것이
천하대장군의 소임이며, 땅 아래 세계를 다스리는 여장군이 지하여장군의
본바탕이었던 것이다. 땅 아래 세계는 죽음과 관련되어 있었을 텐데, 물론
그것이 전부는 아닐 것이다. 땅 밑은 온갖 푸나무들의 생명의 기틀이며, 또
한 농사를 짓는 터전이기도 한 것이다. 그러기에 지하여장군은 지상의 온갖
생명력과 농사를 관장하는 힘, 그 자체이기도 했던 것이다.
　　그리 먼 옛날도 아니다. 불과 두어 세대 전만 해도 거개 마을마다 솟대가
솟고 장승이 버티고 섰었다. 마을의 어귀, 아니면 사람들 걸음이 잦은 어느
곳에 그들은 항상 모셔져 있었다. 그래서 마을의 안녕과 풍요를 밑받침하기

천하대장군과 지하여장군. 장승은 남녀 한 쌍을 이루고 있었는데, 각각 지상 세계와 지하 세계를 다스리며 사람들을 지켜주는 것이 그들의 소임이었다.

도 했다. 한데 그들은 이제 어딜 간 것일까?

솟대는 뽑히거나 삭고, 장승은 찌들다 말고 자취를 감추었다. 가령 흔적이 남았다 쳐도 돌보는 사람이 없다. 사라져가는 기념비도 못 된 것이다.

징검다리

개울이며 시내에 듬성듬성 작은 바윗돌이 줄지어 놓이면 그걸 징검다리라고 불렀다. 시골의 이 마을과 건넛마을을 잇는 매듭과도 같은 구실을 했는데, 그래서 이쪽 동네와 저쪽 동네가 잘도 어우러졌다.

불과 두어 세대 전만 해도 시골에서 마을 둘레를 흐르는 물을 건너자면 징검다리를 건너야 했다. 별로 깊지 않은 개울, 어른이라면 바짓가랑이의 끝자락을 걷어 올리고는 맨발로 첨벙첨벙 건너갈 만한 개울에도 징검다리가 놓여 있었다.

살림이 넉넉한 마을의 근방이거나 사람들의 왕래가 잦은 곳이면, 웬만한 개울에도 돌다리가 의젓하게 놓여 있었다. 또 그만 못한 곳이어도 지푸라기와 흙과 잔돌을 짓이겨서 빚은 '흙다리'가 걸려 있었다. 한데 그럴 만한 형편도 못 되는 데다 경제 사정이 여유롭지 못한 마을에서는 돌다리나 흙다리 대신 별로 깊지 않은 자리에 으레 징검다리를 놓았다.

징검다리에는 비교적 평퍼짐하고 큰 바위가 듬성듬성 자리 잡고 있었는데, 그 바위와 바위 사이의 간격이 크게 벌어져 있지는 않았다. 어른들은 비교적 넉넉하게 건너갈 수 있도록, 아이들은 조금 힘들지만 뛰어넘을 수 있도록 징검돌이 놓여 있었다.

이 바위들이 노상 물에 젖어 있다 보니, 이끼가 끼어 미끄럼을 타게도 되어 조심해야 했지만, 아이들은 그래도 아무 상관없이 팔짝팔짝 뛰어서 건너기 일쑤였다. 그것은 아이들로서는 즐거운 놀이와 같아서 징검다리 건너기는 신나기도 했다.

그리고 아이들 사이에서 뜻밖의 일이 벌어지기도 했다.

어느 외딴 시골마을에서 가까운 개울, 소녀 하나가 둑 가까운 징검다리의 바위를 차지하고 있다. 널따란 돌 위에 쪼그리고 앉아서 물장난을 치는 채로. 빨간 스웨터를 입은 것이 별다르게 눈에 띈다. 모르긴 해도 제 집이 있는 도시를 떠나 일시 이곳 농촌 마을로 온 것 같다. 몸매로 보아서는 초등

학교 오륙 학년생 정도 되어 보인다.

한데 집을 나서서 산기슭의 마을로 가기 위해 징검다리를 건너던 같은 또래의 소년이 개울가의 둑에 서서 소녀를 내려다보고 있다. 하필 낯선 여자아이가 징검다리의 큰 바위 하나를 차지하고서 물장구를 치고 있는 게 마음에 걸렸던 탓이다.

우두커니 지켜보고 서 있는데 마침 어른 한 분이 징검다리로 들어서자 소년은 재빨리 그 뒤를 따랐다. 마지못한 듯이 소녀가 비켜나고 소년은 어른의 뒤를 좇아서 개울을 건너고 만다.

그리고 며칠 뒤, 소년이 개울을 건너려는데…… 웬걸, 그 소녀가 지난번처럼 징검다리의 그 바위를 차지하고는 혼자서 홀짝홀짝 물장구를 치며 놀고 있지 않는가!

마침 지나가는 사람도 없고 해서 소년은 그저 멍청히 둑에 서서 소녀를 바라보고만 있다. 그렇게 얼마나 시간이 지났을까?

"이 바보!"

소녀가 소리를 지르며 소년에게로 조약돌을 던진다. 소년이 질겁하고 비켜서자, 소녀는 개울을 건너오더니 둑길로 도망치듯 달리는 게 아닌가!

소년은 저도 모르게 그 뒤를 좇는다. 발 빠르게 내닫던 소녀는 갈대밭 너머로 사라지고 더는 모양이 보이지 않는다. 소년은 문득 그 자리에 멈춰서 손바닥을 펴고는 내려다본다. 돌에서 물기가 가시고 없다. 소녀가 '이 바보!' 하고는 제게 던졌던 그 조약돌을 소년은 한참 동안 들여다본다.

그리고 또 며칠 뒤, 둘은 징검다리에서 제대로 만난다. 소년이 더는 피하지 않고 소녀에게로 다가간 것이다.

소녀가 가자는 대로 그들은 마을의 뒷산에 함께 오른다. 그런데 그들은 내려오다가 그만 소나기를 만나고 만다. 작은 움막에 잠시 나란히 앉아 비를 피한 둘은 다시 마을로 향하지만, 병약한 소녀는 이미 지칠 대로 지쳐 있었다. 게다가 심하게 기침을 하고 있었다.

소년은 웃옷이 비에 젖은 그의 등판에 소녀를 업고는 비탈길을 힘들게 내려온다.

그러곤 한동안 소녀의 소식은 끊기고 만다. 소년은 자주 개울가에 가보았지만, 소녀가 묵고 있을 그 마을까지는 갈 엄두를 내지 못했다.

그런 상태로 며칠이 지나간 어느 밤, 소년은 뜻밖에도 아버지로부터 소녀의 소식을 듣게 된다.

이 마을과 건넛마을을 이어주던 징검다리. 어른들은 넉넉히, 아이들도 조금 힘들지만 뛰어넘을 수 있도록 징검돌이 놓여 있었다.

"글쎄 죽기 전에 이런 말을 했다지 않어? 자기가 죽거든 자기 입던 옷을 꼭 그대루 입혀서 묻어달라구……"

소년은 그의 아버지와 어머니가 주고받는 얘기를 잠결에 들었다. 그와 함께, 자기 입던 옷이란 소녀가 그의 등에 업혔을 때 입어 진흙 물이 들었던 그 스웨터라는 것도 알아차리게 된다. 소녀는 소년의 온기를 죽음 뒤에도 느끼기를 바랐던 것이다.

이 짧은 이야기는 황순원의 단편소설 「소나기」를 기억에 의지하면서 바싹 줄인 것이다. 그것은 징검다리가 엮어준, 슬프지만 아름다운 이야기다. 개울은 소년이 사는 들판의 소작인 마을과 소녀가 묵고 있던 산기슭의 지주 마을 사이를 가로질러 흐르면서 두 공간을 갈라놓고 있었다. 하지만 징검다리는 두 아이들 사이의 우정의 다리 노릇을 다한 것이다. 우리가 보았을 여러 곳의 징검다리 가운데서도 가장 곱고 애틋한 징검다리가 아닐 수 없다.

이런 게 징검다리다. 하지만 이젠 그 자취가 가까스로 조금 남았을 뿐, 그걸 건너는 발길은 영영 끊기고 말았다. 소설 「소나기」도 이젠 전설 속의 풍경이 되고 말았다.

외나무다리

흔들흔들 외나무다리
건들건들 외나무다리

외짝 통나무로

외짝 판자로

놓인 외나무다리

헛디디면 풍덩 철썩

물에 빠질라

조심조심 걸어라.

아찔아찔 어지럼 탈라

활짝 눈 뜨고 건너라.

이런 노래가 나올 만한 다리, 그게 외나무다리다.

시골에는 이 마을과 저 마을을 가르며 좁다란 강물이 흐르는 곳이 많다. 강이 아니더라도 넓지 않은 개울이 가로질러 흐르는 경우는 허다할 것이다. 그러나 징검다리를 놓아서 건너기에 물이 제법 깊다면 어떻게 해야 할까. 어른들 무릎 위까지 잠길 정도라면 징검다리로는 어림도 없다. 그렇다고 돌다리를 놓을 처지는 아니다. 섶을 바닥에 길게 깔아서 사람들이 밟고 지나다닐 만한 다리…… 뭐랄까, '섶다리'라고 부를 만한 것조차 놓을 형편이 못 된다면 어떻게 해야 할까? 게다가 사람의 왕래가 그리 많은 편이 아니라면……

이럴 때 예전 사람들은 강이나 개울에 외나무다리를 놓게 마련이었다. 외짝 나무의 다리, 한 가닥 나무의 다리가 외나무다리다. 펑퍼짐한 통나무가 쓰일 때도 있고, 납작한 널빤지가 쓰일 수도 있었다.

외나무다리는 어느 것이나 건너기가 만만치 않다. 우쭐대거나 비틀대게 마련이다. 비실비실 조심해서 건너야지, 자칫 실수失手 아닌 실족失足을 하면 물에 풍덩 빠질 수밖에 없다.

그러나 아이들에게는 외나무다리 건너기가 재미있었다. 학교를 오가거나 심부름을 다니는 것도 아닌데 다만 놀이 삼아서 외나무다리를 건너기도 했으니까. 두 팔을 좌우로 펴서는 간들간들 몸의 균형을 잡으면서, 한 발 한 발 건너가는 것은 멋 부리기와 다를 것이 없다. 곡마단의 외줄 타기에 견주어도 좋을 것이다.

그러다가 잘못해서 풍덩 물 바닥으로 떨어진다 해도 겁날 것은 없다. 물이 깊지 않으니 그것도 재미다.

그런데 어쩌다가 외나무다리에서 처녀 총각이 맞닥뜨릴 때가 있다. 다리 건너, 저만큼 오고 있는 총각을 볼라치면 처녀는 살며시 둑길을 비켜서는 고개를 숙이고 돌아선다. 총각은 조금 머뭇댄다. 하지만 그것도 잠깐, 이내 다리에 올라선다. 그러곤 나 보란 듯이 성큼성큼 발을 내딛는다. 두 팔은 일부러 휘휘 내젓는다. 고개 숙인 처녀는 눈길을 들고는 그걸 내다본다. 그런 눈치를 총각이 챌라치면 발걸음은 더욱 날쌔다 못해, 다리가 끝나가는 대목쯤에서는 춤을 추다시피 하게 된다. 그렇게 훌쩍 다리를 건너고 둑길에 들어서면 총각은 제 저고리 소매 끝으로 일부러 처녀의 치맛자락을 스치기도 했다.

하지만 외나무다리에서 이런 멋스런 일만 보게 되는 것은 아니다.

 잘 새는 날아들고 새 달이 돋아 온다.

물이 제법 깊어 징검다리를 놓을 수 없을 때,
예전 사람들은 외나무다리를 놓았다. 외나무
다리가 놓였었을 법한 자리에 지금은 계량된
나무다리가 놓였다.

외나무다리로 홀로 가는 저 선사禪師야,

네 절이 얼마나 하관대 원종성遠鐘聲이 들리나니.

송순宋純의 이 시조에서 어느 외딴 개울에 걸린 외나무다리는 그 고적함
과 쓸쓸하기가 이를 데 없다. 해마저 지고 있다. 그 한적한, 소슬한 분위기
를 돋우면서 원종성遠鐘聲, 곧 멀리 있는 절의 종소리가 은은하게 메아리치
고 있다. 선사 스님이 아니더라도 참선하듯 고개를 숙이고 묵상하게 되는
순간이다.

처녀 총각이 마주치던 외나무다리. 해 질 녘에 스님이 홀로 건너는 외나

무다리. 그러나 이젠 없다. 모르긴 해도 콘크리트 다리나 큼직한 돌다리가
외나무다리를 밀쳐냈을 것이다.

나루와 나룻배

강나루 건너서
밀밭 길을

구름에 달 가듯이
가는 나그네

길은 외줄기
남도 삼백리

술 익는 마을마다
타는 저녁 놀

구름에 달 가듯이
가는 나그네

—박목월, 「나그네」

30   이 시에서 나그네는 이제 막 나루를 건너 밀밭 길을 가고 있다. 구름에

달 가듯이 걸음을 옮기고 있다. 느릿느릿. 아주 천천히 가고 있다. 밀밭을
지나서는 머나먼 길, 외줄기로 난 삼백 리 길을 구름에 달 가듯이 가야 한
다. 홀로 외로운 길을 가야 한다. 그러는 사이, 그는 또 다른 강나루를 건너
게 될 것이다.

이렇듯 나루는 나그넷길을 더욱 더 나그넷길답게 만든다.

나루를 한자로는 '渡船場(도선장)'이라고 한다. 비교적 깊고 너른 강의 이
쪽저쪽을 오가면서 사람들을 태워 나르는 배를 나룻배, 또는 '도선渡船'이라
고 불렀다. 그 나룻배가 오고 가는 물길을 나루라고 하고, 배가 닻을 내려서
머무는 곳은 나루터라 일렀다.

예전 같으면 사람들 왕래가 많은 강에는 어디 할 것 없이 나루가 있었고,
나루터가 있었다. 그리고 당연히 나룻배도 있었다. 불과 반세기 정도 지나
간 묵은 시절에도 그랬다. 그 무렵, 서울 노량진의 한강에는 철교가 둘씩이
나 있었는데도 마포나루 말고도 노량진에서 상류로 조금만 거슬러 올라가도
나루터가 드물지 않게 있었다. 지금 서울의 강북과 강남을 잇는 대교가 놓
인 자리마다에 나루와 나루터도 있었다고 보아도 무방할 것이다.

가령 서울 강북의 한남동과 강 건너편 강남의 압구정동 사이만 해도 나룻
배가 오갔었다. 그리고 부산에도 당시 변두리였던 하단과 강 건너편의 명지
사이에 의젓하게 나룻배가 내왕했었다. 전국 어디나, 큰 강이 있는 곳은 비
슷했다. 그리고 나룻배의 뱃사공들은 단단히 한몫을 맡아 해내는, 어엿한
여객과 물류를 위한 일꾼이었다.

어기 여차!

노 저어라.

나룻배 나가신다.

그들은 이 비슷한 뱃노래 장단에 맞추어서 노를 저어댔다. 나루의 물길은 거의 에누리 없이 곧바르게 나 있었기 때문에 키를 쓸 필요는 없었다. 바르게 난 물길을 따라서 곧장 저어가기만 하면 됐던 것이다. 그의 노 젓기에 따라서 배가 출렁이면, 사람들은 뱃전에 몸을 기대고는 즐거워하기도 했다. 더러는 뱃전 너머 물속에 손을 담그고는 물살을 따라 흔들대는 것을 재미있어 하기도 했다.

배가 건너편에 닿으면 손님들은 뱃머리를 지키고 선 사공에게 뱃삯을 물고는 펄쩍펄쩍 모래펄로 뛰어내렸다. 물론 여인네들은 뱃전을 눌러 잡고서 기어내리다시피 하기도 했다.

나루에는 배를 저어서 건너다니는 배 나루 말고 줄 나루도 있었다. 비교적 폭이 좁은 강의 이편 저편으로 굵은 밧줄이 단단한 나무나 바윗돌에 묶여 있는데, 사공은 그걸 잡아당기고 끌고 하면서 배를 앞뒤로 나가게 했던 것이다.

해쓱한 황혼에 호젓하니 젖은 바람은
강심에 풀어진 울적鬱寂을 갈피갈피 뒤적이고

강 건너 나룻가 안개에
요침寥沈한 오리나무 위엔
난황색卵黃色 태양이 고무풍선처럼
뱅글뱅글 권태롭다.

나룻배 오가는 물길을 나루라 하고, 그 머무는 곳을 나루터라 일렀다.
불과 반세기 전 서울의 한강에도 나루터는 드물지 않게 있었다.

황혼은 끌고

정사靜思는 싣고

요요寥寥히 강물을 거슬러 올라가는 범선帆船

위의 시는 이젠 이름도 잊혀진, 한 세대 전의 시인, 양운한楊雲閒의 작품
이다. 시 전체가 울적하고 요침寥沈, 이를테면 쓸쓸함에 젖어 있다. 요요寥寥
라고 해도 적막하기는 마찬가지다. 그런 것이 바로 시의 정감이지만, 그것
이 해 질 녘의 나루로 해서 한결 더 짙어지고 있다. 안개 서린 나룻가는 여
수旅愁, 곧 나그네의 서러움이 서리는 곳이다.

그런데 이제는 박목월의 나루도 양운한의 나루터도 온데간데없다. 그 옛
날 그 나루를 흐르던 물결은 변함이 없는데도, 나루터는 어디로 흘러가버린
것일까?

서낭당

"서낭당 사시나무 밑에서"라는 시 구절이 떠오른다. 그러나 사시나무는
예대로 우거져 있어도 이제 서낭당은 삭아지고 없다. 있다 해도 못 쓸 폐옥
廢屋이 된 지 오래다. 다만 사시나무로 된 서낭나무만 솟아 있을 것이다.

서낭당은 본래 한자로는 '城隍堂(성황당)'이라고 쓴다. 하지만 그게 우리
말로 동화해서는 서낭당이 되었다. 서낭당은 작은 당집으로, 마을신을 모신
건물이다. 마을에 따라서는 그 서낭당만을 따로 지은 곳이 있는가 하면, 서

낭나무가 우거진 아래 당집이 있고 그 안에 비석이나 돌이 세워져 있기도 했다. 그런가 하면 서낭나무만 따로 마을신으로 또는 신주로 모셔진 마을이 있는가 하면, 달랑 돌비석이나 바위만이 모셔진 마을도 있었다. 그게 모두 한결같이 서낭당 또는 서낭단壇이라 일컬어졌다. 더러 '산신당山神堂'이라고 불리기도 했지만, 마을신을 모셨다는 점에서는 다를 바 없었다.

서낭당은 거의 예외 없이 마을 가까운 곳에 있었다. 마을 뒷산, 아니면 옆산, 별로 높지 않은 언덕에 자리하고 있었다. 그런 장소의 서낭나무가 우거진 서리에 작은 당집이 나지막하게 웅크리고 있으면 그것은 으레 서낭당이게 마련이었다. 거기서 마을 사람들은 봄가을로 고사를 올리고 제를 모셨다. 그게 바로 서낭제 또는 서낭굿이다. 규모가 작은 마을에서는 그저 제 올리는 것으로 서낭 모심이 끝났다. 하지만 큰 마을에서는 서낭굿이란 이름에 어울리게 큰 굿이 벌어지기도 했다.

서낭당에 제를 모시고 난 다음, '두레패'라는 농악대가 온 마을을 돌아치면서 집집마다 들러서는 "재앙 물러가라! 복이여 깃들라!" 하고 빌었다. 거기 마을 꼬마들도 졸졸 따라다니면서 저희 나름으로 신명을 돋우기도 했다.

한데 서낭당의 내력은 사뭇 오래다. 자그마치 단군 시대로, 또는 삼한 시대로 거슬러 올라간다. 단군의 아버지 환웅桓雄은 하늘에서 신단수神檀樹라는 성스러운 나무를 타고 태백산 꼭대기에 내린 것으로 되어 있다. 그렇게 신이 타고 내린다고 믿은 나무가 바로 서낭나무다. 고조선 사람들은 그들의 서낭나무인 신단수 아래에서 제를 올리면서 그들의 공동체를 보살펴줄 신령이 내리기를 빌었던 것이다.

그 뒤 줄곧 이 나라 안에서는 서낭나무에 고사를 지내는 서낭제가 지켜져왔다. 이삼천 년을 넘을지도 모른다. 서낭당은 그 오랜 역사를 이어서 이 땅

서낭나무가 우거진 서리에 작은 당집이 나지
막하게 웅크리고 있으면 그것은 으레 서낭당
이게 마련이었다. 거기서 마을 사람들은 서낭
제 또는 서낭굿을 올렸다.

마을마다에 모셔져왔다.

한데 오늘은 어떨까? 더러 서낭나무 자체는 남아 있어도 그 이름을 입에
올릴 사람은 드물어져가고 있다. 반만년의 역사인데도 가을 든 서낭나무의
갈잎처럼 어디론가 날려 가버린 것이다. 우리의 가장 오래된 민속신앙이 자
취도 없이 지워져간 것이다.

대장간

> 푸! 푸! 바람아 일어라.
>
> 풀무야 구실하라.
>
> 불에 달군 무쇠,
>
> 새빨간 불덩이로 타오르도록.
>
> 철썩! 철썩!
>
> 모루에 바치고서
>
> 시우쇠 두들겨라
>
> 칼도 되고 낫도 된다.

이런 노래가 들릴 만한 곳, 그곳은 대장간이다. '야장冶匠간'이라고도 불렀다.

대장간은 대장장이의 일터, 야장의 작업 공간이다. 야장은 단공鍛工이라고도 했으니, 쇠붙이를 불에 달구는 일, 곧 단련鍛鍊하는 일을 맡아 하는 공인工人, 곧 기술자라는 뜻이다. 단야鍛冶하는 기술자라고 이해해도 괜찮다. 단련은 쇠붙이를 불에 녹이는 작업이고, 단야는 그걸로 쇠붙이 연장을 만드는 일이니까.

대장장이의 일은 요즘 말로 하면 제련製鍊이고, 대장간은 제련소인 셈이다. 뿐만 아니라 도구 만드는 공장을 겸하고 있었다. 요컨대 대장간은 쇠를 달구어서 갖은 기구를 만드는 공장이다. 쇠스랑, 괭이, 호미, 낫 등의 농사에 쓰이는 기구를 만들고, 부삽이나 칼 따위 집 안에서 쓰는 연장도 만들어내었다.

대장간은 대개가 사람들 사는 동네 바깥, 길섶에 자리 잡고 있었다. (좀 쑥스러운 얘기지만) 무당과 야장은 지나간 시절에는 천대를 받았다. 그러자니 마을 안에서는 그들이 살 수 없었다. 그 옆에는 으레 도랑이나 개울이 흐르고 있었다. 달군 쇠를 식히는 담금질에는 찬물이 반드시 필요했기 때문이다.

그 작업장은 그야말로 불덩이다. 작은 움집처럼 생긴 화덕에서는 늘 불길이 활활 일고 있었다. 화덕 안에서 통쇠라 불리는 쇳덩이를 녹이기 때문이었다. 모르긴 해도 그 온도는 수천 도를 넘을 것이다.

통쇠, 그러니까 달군 쇳덩이를 살짝 녹여서는 모루에다 대고는 망치로 두들겨서 납작하게 만든다. 그리고 용도에 따라서 알맞은 길이나 크기로 토막을 낸다. 그러고는 다시금 화덕에 넣어서 달군다. 빨갛게 달아오른 쇠토막이나 조각을 모루에 대고 손질해서는 갖가지 연장을 만들어내었다. 아마도 인간이 작업을 해내는 중에서는 가장 뜨거운, 불길이 이글대는 작업일 것이다.

한데 야장에 관해서는 오래된 이야기가 전해져 내려오고 있다. 우리의 빼어난 고전인 『삼국유사』에 기록되어 있는 이야기다.

신라의 제4대 왕인 '석탈해昔脫解'는 왕위에 오르기 전에 동자童子로서 바다를 건너와서는 신라에 닿았다. 그는 경주 안에 '호공瓠公'이란 사람의 집이 썩 좋은 것을 보고는 탐을 내다가 꾀를 부려 공짜로 차지하기로 작심한다.

그는 호공의 집 곁에 사람들 몰래 숫돌과 숯을 묻었다. 그러고는 호공에게 난데없이 말했다.

"이 집은 조상 대대로 우리가 살던 곳이니 비워주고 나가시오!"

그러자 옥신각신 다툼이 벌어졌다. 결판이 나지 않자, 탈해는 관가에 신

대장장이의 일은 요즘 말로 하면 제련이고, 대
장간은 제련소인 셈이다. 그곳에선 집 안에서
쓰이는 갖가지 연장을 뚝딱 만들어내곤 했다.

고해서는 자기 집이라고 우겼다. 관가에서 증거를 대라고 하자, "나는 본시 야장입니다. 이 집에서 일하다가 한때 집을 비웠더니 이 호공이란 자가 차지한 것입니다"라고 주장했다. 관에서 그 증거를 대라고 하자, 탈해는 숫돌과 숯을 파서는 내보였다. 그래서는 호공의 집을 드디어 차지하게 되었다고 『삼국유사』는 일러주고 있다.

이것을 보면 신라 시대만 해도 야장, 즉 대장장이는 귀하고 존경받는 직종이었으리라 짐작된다. 왕의 자리에 오를 수 있는 자질을 갖춘 사람이 야장을 한 것이다. 이른바 철기鐵器 시대의 문화를 대표하는 직종이 야장이었던 것이다.

그러나 그 뒤로 수천 년이 지나는 사이에 그만 야장은 천덕꾸러기가 되고 만 것이다. 수천 년 이어오던 대장간의 화덕은 식고 불기운이 꺼지고 말았다. 아니, 대장간 그 자체가 아예 사라지고 말았다.

구멍가게

구멍가게라니, 그게 뭐야? 어디 가게에 구멍이라도 뚫렸나? 지금으로는 구멍가게, 그것은 생소한 이름이고 귀에 선 말이다. 지금부터 한두 세대 전만해도 시골의, 그나마 동네라 불릴 만한 정도의 곳에는 작은 가게가 하나씩 있었다. 그걸 어디서나 구멍가게라고 했다.

왜 가게에 구멍 자가 붙었는지, 그건 제대로 알 수 없다. 모르긴 해도 하도 가게가 작아서, 온통 다 해봐야 크기나 넓이가 그저 웬만한 구멍만 해서 붙여진 이름일까? 들고 날 때 구멍 드나들 듯이 등 굽혀야 해서 붙여진 이름일까? 알 수 없다.

구멍가게는 으레 기와를 이고 있는 집이 아니었다. 짚 지붕이거나, 고작해야 낡고 녹슨 양철 지붕을 이고 있었다. 가게 앞에는 나무 널빤지가 깔린 평상이 있고, 거기 작은 상자에 담긴 물건이 가지가지 놓여 있었다.

가게 안은 좁디좁았다. 애들 서넛이 들어서면 꽉 들어찰 만한 넓이였다. 가게 안에도 평상에 놓인 물건들이 펼쳐져 있었다. 상품이라고 해봐야, 주로 아이들의 싸구려 장난감이나 군것질거리가 전부였다. 정말이지 보잘것없고 하잘것없는 가게였다. 가게라고 부르기조차 민망한 곳도 있었다.

하지만 동네 아이들에게는 그곳이 백화점과도 같은 곳이었다. 읍이나 면사무소가 있는, 큰 마을이 아닌, 작은 동네로선 그럴 수밖에 없었다. 게다가 구멍가게가 아니고는 아이들은 모처럼 생긴 동전 몇 푼도 쓸모가 없었다.

장난감이라야 연이나 물총 따위에 불과했다. 먹을거리도 시원치 않았다. '비거'라고 부르던 캔디 비슷한 것, 일본 말로 '센베이'라고 부르던 밀가루 구은 것, 그리고 엿가락 정도가 전부였다. '사이다'라고 하던 마실 거리도 한몫 거들기는 했지만, 지금 같아서는 공짜로 먹으래도 먹기는커녕 거들떠보지도 않을 물건들이었다.

애들만 구멍가게의 단골이던 것은 아니다. 더러는 작은 소주병이 있고 막걸리도 있고 해서 마을의 어른들이 자주 들렀다. 김치 안주로 한잔 들이켜며 노닥거리기도 했다. 그런데도 아이들에게는 구멍가게가 더할 나위 없이 훌륭한 잔치판이었다. 쇼핑센터고 슈퍼마켓이고 대형 할인 마트였다.

구멍가게의 주인은 대개 할머니나 나이 많은 아주머니였다. 그걸 빌미삼아서 아이들은 좀 고약한 장난을 치기도 했다. 할머니가 못 보는 사이를 노려서 번개같이 비거 한 알쯤 슬쩍한다. 오른손, 주먹 안에 움켜쥔다. 그러고

구멍가게 안은 이름처럼 좁디좁았다. 정말이
지 보잘것없고 하잘것없는 가게였지만, 당시
의 아이들에겐 백화점과도 같은 곳이었다.

는 엄지 검지, 두 손가락 끝으로 다른 비거를 한 알 집어 올린다. 시치미 떼
고는, "이 비거 얼마죠?" 한다. 물으나 마나 빤히 값을 알고 있으면서도 시
치미를 떼고는 물었다. 그러고는 왼손으로 호주머니에 든 동전을 할머니 앞
에 던지고는 걸음아 날 살려라 삼십육계 줄행랑을 놓았다.

철들기 전의 일이니 그렇겠지만, 돈 낸 비거보다는 안 낸 비거가 월등하
게 맛나다는 것을 아이들은 알고 있었다. 어쩌면 애틋하기도 하고 안쓰럽기
도 한 이런 정경 한 토막! 코믹하기도 했던 그 정경은 이젠 없다. 구멍가게
가 사라진 것과 함께 시골의 동네마저 기울어가고 있으니 말이다.

방아, 물레방아

노자 좋구나

오초 동남 너른 물에 오고 가는 상고선은

순풍에 돛을 달고 북을 두리둥실 울리면서

어기여차 닻 감는 소리 원포 귀범이 에헤라이 아니란 말가?

에헤 에헤에 에헤이야 어라 우겨라 방아로구나

반 넘어 늙었으니 다시 젊기는 꽃집이 앵도라졌다

엣다 좋구나 영산 홍록 봄바람에 넘노나니

황봉 백접 붉은 꽃 푸른 잎은 산용 수세를 그림하고

나는 나비 우는 새는 춘광 춘흥을 에헤라 자랑헌다

에헤 에헤에 에헤이야 어라 우겨라 방아로구나

이리 동성 저리 동성 흩뜨려진 근심 만화방창에 에헤라 궁글려라

「방아타령」 노랫말은 군데군데 뜻 모를 게 있긴 해도, 따라 읊조리다 보면 절로 흥겨워진다. 지역에 따라 가사며 후렴이 달라지기는 해도, 특히 "에헤 에헤에 에헤이야 어라 우겨라 방아로구나. 이리 동성 저리 동성 흩뜨려진 근심 만화방창에 에헤라 궁글려라" 하는 후렴이 신명을 돋운다.

그러나 「방아타령」은 요 근래에 민요로만 전해진 것은 아니다. 고려 때 이미 「방아타령」 또는 「방아 노래」가 읊어지고 있었다. 다음은 『시용향악보』에 실려 있는 고려속요인데, 제목을 「상저가相杵歌」라고 했다. '두 사람이 서로 맞보고는 절구질하는 노래'라는 뜻이다. 저杵는 다름 아닌, 절굿공이를

가리킨다.

　　덜커덩 방아나 찧어 히얘

　　거친 밥이나 지어 히얘

　　아버님 어머님께 바치옵고 히야해

　　남거든 내 먹으리 히야해 히야해

「상저가」를 부르면서 고려 시대 사람들은 방아 찧기를 했다. 방아는 쌀이나 보리 따위의 곡식을 빻거나 찧는 기구다. 빻기나 찧기는 요즘 말로는 도정搗精이라고 할 테지만, 이른바 정미소가 하는 일이 이에 속할 것이다. 돌이나 나무로 된 확(또는 방아확)에 곡식을 넣고는 절굿공이(또는 절굿대)로 쿵더쿵 찧는 일을 방아질이라 하고, 그렇게 일하는 사람은 방아꾼이라고 불렀다.

한데 방아에는 손으로 찧는 방아, 이를테면 손방아 말고 다른 방아도 있었으니, 디딜방아가 있는 한편으로 물방아 또는 물레방아도 있었다.

디딜방아는 방아공이를 발로 디디면서 찧는 방아고, 물레방아 또는 물방아는 높은 데서 쏟아져 내리는 물살의 힘으로 물레를 돌림으로써 방아를 찧게 된다.

　　물레나 바퀴는 설설히 시르렁 설설히 시르렁

　　흥겨이 돌아도

　　우리네 한평생 시름에 돈다오

물레방아는 높은 데서 쏟아져 내리는 물살의
힘으로 방아를 찧는다. 이런 방아를 통해 빻
거나 찧어야만 곡식을 먹을 수 있었다.

옛사람들은 이렇듯이 인생살이의 시름을 풀어가면서 방아를 찧었다. 하
지만 이젠 노래 소리 끊기고 방아 찧는 소리도 멎은 지 오래다. 폐옥으로 무
너져가는 방앗간에는 사람 발그림자도 얼씬 않는다. 아니, 그런 방앗간이나
마 없어진 지가 오래되었다.

우물

우물은 땅을 깊이 파서 지하수가 절로 고이도록 한 것이다. 사람의 힘으
로 만든 지하의 수조水槽, 이를테면 물통이라고 보아도 좋을 것이다.

우물은 대개가 공동 우물이다. 온 마을 아낙네들이 제각각 집으로 물을 길어다가 음료수로 삼는다. 밥 짓고 국 끓이고 반찬거리 장만하는 데 쓰인다. 숭늉거리도 물론 우물물로 하게 되어 있다. 그러니 우물물은 생명수인 셈이다.

그러나 아낙네들은 우물에서 물만 긷고 말지는 않았다. 마을 바깥, 길섶에 자리를 잡은 우물가는 마을 여성들의 광장이 되기도 했다. 물 긷다 말고 모여서들 서로 소식을 전하는가 하면, 마을 돌아가는 이야기, 어느 집 누군가가 이러저러하다는 소문 등을 주고받기도 했다. 그러다 보면 우물가는 마을의 여론과 중론衆論이며 공론公論이 오고 가는 광장이 되기도 했다.

우물은 대개가 공동 우물이다. 거기에선 물만 길은 것이 아니라, 마을 여성들의 광장이 되기도 했다.

물을 길으면서 얘기도 길고 소문도 길고 한 것이다. 그래서 우물가는 늘 왁자지껄하고도 왁자그르르하기도 했다. 그래서 그럴까? 뜻밖의 소동이 벌어지기도 했다.

앵두나무 우물가에 동네 처녀 바람났네
물동이 호미자루 나도 몰래 내던지고
말만 들은 서울로 누굴 찾아서
이쁜이도 금순이도 단봇짐을 쌌다네

옛 노래 「앵두나무 처녀」의 일부분이다. 그런데 왜 하필 우물가에서 마을 처녀가 바람이 났을까? 궁금하다. 처녀들이 물 긷기 위해서 모여드는 우물가가 데이트 장소로 이용된 것인지도 모른다. 아낙네들은 수다로, 처녀들은 바람기로, 이래저래 우물은 요란한 곳이 되고 만 것이다. 지붕이 덮인 두레 우물이나 지붕 없는 맨 우물이나 그 점에서는 서로 다를 바 없었다.

그러나 우물가에서는 또 다른 정경이 벌어지기도 했다. 그것은 단원 김홍도의 풍속화 「우물가」에도 잘 드러나 있다.

나그네로 보이는 한 사내가 두레박을 입에다 들이대고 있다. 모르긴 해도 계절은 삼복더위가 한창이라서 갈증에 시달린 사내는 요란하고도 시원하게 우물물을 퍼 마시고 있다. 벌컥벌컥 물 들이켜는 소리가 들리는 것 같다.

한데 그런 사내를 옆에 두고서 세 아낙이

김홍도, 「우물가」

서 있다. 그들은 난데없이 달려든 나그네에게 두레박을 빼앗기다시피 한 꼴이다. 한 여인은 고개를 숙이고 그 옆 아낙은 고개를 외로 꼬고 있다. 이들과 좀 멀리 떨어져 있는 아낙은 우두커니 사내의 꼴을 바라보고 있다. 낯선 사내가 하는 짓이 하도 당돌해서 신경질이 날 법하지만, 그래도 남녀 사이인지라 여인들이 외면을 하고 있는 것이다. 무더운 여름 한때, 한길가의 우물이 아니고서는 보지 못할 우스꽝스런 정경이 무척 재미나다. 무대에 올려진 희극의 한 토막처럼 보이기도 한다.

지금은 시골에서조차 우물이 기울어져가고 있다. 지하수를 펌프의 기계 장치로 끌어당기는, 마을 단위의 공동 수도가 설치되어 있기 때문이다. 그래서 이젠 밀려난 우물은 그저 흐린 물 고인 물웅덩이로 변하고 말았다. 심지어 그 일부는 말라붙거나 메워지고 말았다.

주막집

알록조개에 입맞추며 자랐나

눈이 바다처럼 푸를 뿐더러 까무스레한 네 얼굴

가시내야

나는 발을 얼구며

무쇠다리를 건너온 함경도 사내

바람 소리도 호개도 인전 무섭지 않다만

어두운 등불 밑 안개처럼 자욱한 시름을 달게 마시련다만

어디서 홍참한 기별이 뛰어들 것만 같애

두터운 벽도 이웃도 못미더운 북간도 술막

온갖 방자의 말을 품고 왔다

눈포래를 뚫고 왔다

가시내야

너의 가슴 그늘진 숲 속을 기어간 오솔길을 나는 헤매이자

술을 부어 남실남실 술을 따르어

가난한 이야기에 고이 잠겨다오

──이용악, 「전라도 가시내」 중에서

이용악의 이 시에서 "두터운 벽도 이웃도 못미더운 북간도 술막"이라고
한 곳은 그 옛날의 주막이다. 술을 파는 작고 보잘것없는 가게다. 모르긴 해
도 두만강 건너 어디, 만주 땅일 것 같다. 밤을 맞은 초라한 주막집 밖은 매
섭게 바람이 몰아치고 있다. 그러자니 난데없이 흉측한 소문도 날아들 것
같은 그 주막집에 멀리 남녘 전라도에서 옮아온 젊은 주모와 함경도 사내가
마주 앉아 있다.

둘은 무슨 얘길 주고받는 것 같지도 않다. 쓸쓸함과 고적함이 안개처럼
서려 있다. 한겨울 밤, 나라 바깥의 주막이라면 이럴 수밖에 없었을 것이다.
하지만 모든 주막이 어디서나 그런 것은 아니었다.

서울 동대문 밖 40리쯤에 숫막이 있느니, 곧 양주 땅이다.
어느 날 도부장수들 열 명 남짓이 자러 들어왔는데 원숭이를 놀리는 사

이름은 주막(酒幕)이지만 술만 팔았던 게 아니라, 음식 파는 식당에 겸해서 나그네가
잠을 자는 여막(旅幕), 곧 여관을 겸하기도 했다.

람도 그중에 끼어 있었다.

첫닭이 울자, 장꾼들이 모두 일어나 각기 짐들을 챙겨 가지고 바야흐로 장에 나갈 채비를 차렸다. 그중 한 사람이 짐을 잃어버려서 장꾼들이 모두 놀라서 소동이 났다.

"창문의 자물쇠나 울타리가 다 전과 다름없이 그대로 있고 사람이 출입한 흔적도 없는데 짐이 없어졌으니 실로 괴이한 일이다."

숫막 주인이 나와서 말하기를,

"의심 둘 곳은 집 안에밖에 없지요. 여러분들이 한번 찾아보아 주인의 의심을 풀어주는 게 좋겠소."

여러 장꾼도 "그럽시다"라고 했다.

잃어버린 짐 임자가 안에 들어가 안 찾아본 곳 없이 다 찾아보았지만 짐은 끝내 흔적도 보이지 않았다.

그때 원숭이도 어디 간 곳이 없었다. 원숭이 임자는,

"혹시 원숭이란 놈 소행이 아닐까?"

하고 마음에 의심이 들기도 했지만 적실히 알 수 없는 일이어서 나중에 천천히 결과를 보기로 하고 우선 그냥 두어두었다.

이건 옛날 한문 이야기책에서 뽑은 것인데, 여기서 숫막이란 주막과 같다. 한자로는 '炭幕(탄막)'이라고 되어 있다. 이름은 '술 주酒'에다 '장막 막幕' 자를 붙여서 주막이라고 했지만, 술만 파는 곳은 아니다. 음식 파는 식당에 겸해서 나그네가 잠을 자는 여막旅幕, 곧 여관을 겸하기도 했다.

한데 위에 인용된 대목에서는 그런 주막에서 장을 돌아다니면서 장사를 하는 장꾼이 자고 일어났더니 봇짐이 없어지고 말았다. 같이 잠을 자러 들어왔던 다른 장꾼, 원숭이를 놀려서는 남들에게 재미 보이는 것을 장사 밑천으로 삼고 있는 그 장꾼의 원숭이도 보이지 않았다. 해서 짐 주인이 아직도 어둑한 새벽에 짐을 찾기 위해서 뜰로 나가 보았다. 둘레를 살피는데, 저만큼 우거진 나무 아래 영락없는 도깨비가 자기 짐을 앞에 놓고 있는 게 아닌가!

그는 기겁하고는 안으로 들어와서 동료 장꾼들을 깨웠다. 다들 함께 그 도깨비에게로 갔다. 한데 그게 아니었다.

그때는 동방이 이미 환하였고 이슬비도 살짝 그쳐 있었다. 원숭이란 놈이 갈삿갓을 쓰고는 자리 잡고 앉아서는 짐을 몽땅 풀어서 앞에다 늘어 놓고 있는 것이 영락없이 장수가 전을 벌인 형상이었다.

대개 원숭이란 놈이 장사하는 것을 흉내 낸 것이었다. 여러 장꾼이 그 꼴을 보고 허리를 꺾어 쥐었다.

이런 꼴이었다. 온갖 사람이 길을 가다 말고 들러서는 술을 곁들여 음식으로 요기하고 잠도 자고 하는 곳이 주막이다 보니 이런 익살스런 장면도 벌어진 것이다.

이제 도시에는 호텔이 즐비하고 요리점이 수두룩해도, 농어촌 시골 마을에는 주막도 숫막도 없다. 먼 길 걷고 걸어서 지나가다가 지친 다리와 몸을 쉬게 할 나그네도 이젠 없다. 주막이 아예 나그네 되어서 머나먼 곳, 아득한 곳으로 사라진 것일까?

집과 집 둘레

우리 집! 내 집!

그 한마디에 이내 가슴이 다사로워진다. 집이 어느새 가슴 안에 자리 잡는다.

'집'은 으뜸으로는 집채, 곧 건물만을 가리킨다. 집채는 안채, 바깥채, 사랑채, 행랑채 등으로 이루어져 있게 마련이다. 그런데 집채라고만 해도 건물을 가리키는 데 그치고 말지는 않는다. 안채라고 하면 할머니나 어머니의 체취가 스며 있었다. 누나며 누이들의 것도 거기 묻어 있었을 것이다. 그리고 바깥채라면 아버지와 사내 형제들의 낌새가 풍겨오게 마련이었다. 그렇듯이 가족, 집안 식구들의 몸 냄새, 온기며 훈김, 심지어 그들의 말소리며 웃음소리까지도 거기 물들어 있었다. 그래서도 집은 우리들의 또 다른 가슴이었다. 정이었다.

그래서 집은 건물만이 아니라 식솔을 마저 가리키는 말이기도 했다. 그래서 집은 '집안'과 서로 맞먹는 말이다. 어려운 말로는 '가계家系'고, 집안의 역사며 내력, 가훈으로 일컬어지는 귀한 가르침 말고도 집안 살림살이며, 집안 형편이란 뜻의 '가세家勢' 등 이 모든 것을 통틀어서 한마디로 '집'이라고 불렀다. 이런 뜻으로서의 집은 요즘의 흔한 아파트와는 다른 것이다. 어쩌면 집 다르고 아파트 다르다고 해야 할지도 모르겠다.

또 다른 면으로도 집은 아파트와 다르다. 아파트에서는 집채를 말할 형편이 못 된다. 대청마루며 툇마루 같은 마루는 아파트에 없다. 거기에는 뜰이며 마당도 없다. 장독대가 있을 턱이 없고 울타리며 사립이 있을 수도 없다. 그래서 오늘에 와서 집은 기울고 있거나 그 자취를 지워가고 있다. 온 세상이 나무둥치가 뿌리를 잃은 듯 허전해지고 말았다.

사립짝

초가삼간의 시골집에는 울도 담도 없는 경우가 많다. '울도 담도 없는 집'이란 말은 가난하고 초라한, 볼품없는 집을 가리킨다. 집 둘레에 흙담이나 돌담 따위의 담이 서 있을 수도 있지만, 그건 넉넉한 집이라야 갖출 수 있는 것이었다.

한데 울이나 울타리는 담과는 다르다. 집 앞 또는 집 둘레에 처져 있기는 마찬가지지만 울이나 울타리는 담에 비해 초라하다. 좋게 보아 표현하더라도 소박하다. 갈대나 억새나 그런 등속의 풀이 주가 되어서는 엮이고 짜인 것이 울이나 울타리다. 더러는 잔 나뭇가지가 섞이기도 했다. 그쯤 되면 '생울타리'가 되기도 하는 셈이다.

울이나 울타리는 키가 낮다. 풀이며 잔 나뭇가지를 얽어서 세웠으니 그럴 수밖에 없다. 그러기에 지나가던 사람의 눈길에 집 안뜰이 다 들여다보이고, 집 안 사람 역시 집 앞으로 누가 지나가는지 단숨에 알아보게 되어 있었다.

"갑돌아, 나와 놀자!" 울 밖에서 누군가 소리치면, 이내 대답이 울 너머로 날아왔다. "그래, 기다려!" 이런 게 울타리의 정겨운 장면이다.

이래서 사실상 울은 명색뿐이다. 집 앞이나 둘레를 가리기는 했지만, 굳이 집 안과 바깥을 가름하지는 않았다. 그래서 울은 집 안과 고샅, 그리고 온 마을이 서로 열린 채로 어우러지게 한다. 온 마을 안은 한 공간이 되고 만다. 마을 사람들은 그런 울로 해서 다들 서로 '우리'가 될 수 있었다.

울에서 아이들은 잠자리를, 그것도 고추잠자리를 잡곤 했다. 이 귀여운 붉은빛의 잠자리는 울에 와 앉기를 즐긴다. 주홍빛 꼬리를 까딱대고 은빛 날개를 팔랑대고 작은 눈알을 어릿거린다. 꼬마가 야금야금 발걸음 소리를 죽이고는 다가든다. 살그머니 집게손가락을 내밀어서는 잠자리 눈에다 대고 원을 그린다. 졸음에 겨운 듯…… 잠자리의 눈알이 따라서 돈다. 잠자리가 어지럼을 탄다. 바로 이때, 꼬마는 날렵하게 집게손가락과 엄지손가락으로 낚아챈다.

이런 것도 울타리가 간직한 고운 정경 중 하나다. 울은 아이들의 놀이터였다.

한데 울에는 으레 사립문이 서 있었다. 집 안으로 드나드는 사립문은 하나의 사립짝 또는 두 개의 사립짝으로 되어 있다. 한자로는 '柴門(시문)'이라거나 '扃扉(경비)'라고 쓴다. 시柴는 땔나무나 잡목 따위며 삭정이를 가리킨다. 거기서 시문의 뜻을 능히 헤아리게 될 것이다. 경비扃扉는 문이나 출입

사립짝으로 된 사립문은 항시 비스듬히 열려
있었다. 닫고 잠그고 해봐야 손으로 슬쩍 미
는 것만으로도 무너지는 게 사립문이다.

구를 가리키는 말이다.

사립짝으로 된 사립문은 항시 비스듬히 열려 있었다. 나무 부스러기나
풀 사리로 만들어진 그 모양새 때문일까? 닫고 잠그고 해봐야 손으로 슬쩍
미는 것만으로도 무너지는 게 사립문이다.

그러니 울이 그렇듯이 사립문도 닫았다고 해도 닫혀 있는 게 아니다. 열
려 있는 것이다. 누구나 출입이 자유로웠다. 낯선 사람조차도 헛기침 한번
토하고는 들어설 수 있는 문, 그런 게 사립문이다.

닫기 위해서가 아니라 열기 위해 있는 문. 무슨 말인지 우리는 알아듣지

못한다. 디지털 도어록으로 꼭꼭 걸어 잠그고 아파트를 지키는 오늘의 우리
로서는 영영 알아듣지 못할 것이다.

마당

뛰놀고 싶어진다. 씨름도 하고 닭싸움도 벌이고 싶어진다. 여자아이 같
으면 어머니나 언니가 알뜰하게 콩깍지를 털고 있는 것도 모른 척하고 오순
도순 소꿉놀이를 즐기고 싶어진다. 따뜻한 햇볕이 드는, 저쯤 구석에 있는
외양간에서는 어미 소가 낮잠을 깨다 말고 하품을 내쉬고 있다.

'마당을 빌린다'고 하면 신랑이 신부 집 마당에서 초례醮禮를, 그러니까
결혼식을 치른다는 뜻이니까, 이 경우의 마당은 깍듯한 예식장이 된다. 그
래서 마당은 일터가 되고 놀이터가 되는가 하면, 쉼터가 되기도 했다. 예식
장이 되고 잔치판이 되기도 했다. 삶의 텃밭이고 안식의 터전이었다. 전통
의 한국인은 마당에 목숨을 맡기고 마음을 담고 살아왔다. 한국인에게 마당
은 만능의 공간이었다. '마당쇠'라고 일컬어지던 머슴만을 위한 장소가 결코
아니었다.

마당에는 두 가지가 있다. 하나는 뜰과 같은 뜻으로 집채 앞뒤의 빈 공간
을 가리킨다. 이건 흔히 '안마당'이라고 불렸고, 이와 대별되는 '바깥마당'은
마을 안의 넓은 터전으로서 온 동네가 함께 누리는 공간이게 마련이었다.

안마당으로는 대문 또는 사립문과 바깥채 사이에 자리 잡고 있는 빈터가
제격이다. 섬돌을 밟고 대청마루에 올라서면 훤히 내다보이는 공간이다. 대
개는 남향 바라지이게 마련인데, 겨울에는 낮 동안에 집 안이 양지바르게

햇살 잘 받고 여름엔 온 집 안에 시원한 바람이 잘 통하도록 하기 위해 마련된 공간이다. 실용적인 목적을 위해서 마련된 것이기도 해서 대개는 비질로 깨끗하게 관리되어 있었다.

마당으로 하여 방 안이나 마루에 앉아서도 눈길이 시원하게 틜 수 있었다. 그걸로 집은 닫힌 곳이면서 동시에 열린 공간이 될 수 있었다. 이것은 이 땅의 집과 공간을 말하게 될 때, 기막힌 장점으로 매우 강조되어도 좋을 것이다. 바깥채의 장지문을 열고 대문을 마주 보고 앉는 것만으로도 그 사람은 하늘을 향해 시원히 열린 사람이 된다. 이래서 전통적인 한국인은 방 안에 앉은 채로, 또는 마루에 누운 채로도 '열린 사람'일 수 있었다. 이것은 아파트에서는 꿈도 못 꿀 일이다.

이런 점 말고도 안마당은 무슨 일거리를 위해서도 큰 쓸모가 있는 공간이었다. 그냥 종일 비어 있는 일은 좀체 없었다. 여인네들이 마당질한 곡식 낟알을 말리는 일 말고도, 남정네들의 타작 터로도 활용되었으니 말이다. '마당질'이라면 이삭을 털어서 낟알을 털어내는 일을 의미했으니까, 그게 마당에서 하는 일거리의 대표인 셈이다.

하지만 이 안마당 말고도 전혀 다른 마당이 있었다. 그것은 대개 동네 바깥에 있는 공터의 모양을 하고 있었다. 그렇지만, 바깥이라고는 해도 영 한데는 아니었다. 마을 고샅에 들어서기 전, 그 들목에서 지나치게 되어 있는 공터야말로 본격적인 마당인 셈이었다. 이건 '마을 마당'이라고도, 또는 '바깥마당'이라고 불러도 괜찮을 것이다.

'마을 마당'은 동네 어귀의 두서너 집에 에워싸이다시피 한 공간이라서 바깥이라고는 하지만 아늑하기로 치자면 더할 나위가 없는 터였다. 그곳은 마을 공동의 광장이었다. 공중 운동장인가 하면, 공중 유희장이기도 했다.

마당으로 하여 집은 닫힌 곳이면서 동시에 열린 공간이 되었다. 이곳에서 여인네들은 마당질을, 남정네들은 타작을 했으며, 아이들은 놀이터로 활용했다.

그뿐만 아니라 공동의 집회장이기도 했다. 국회, 아니 마을 사람들의 '촌회村會'가 개최되는 의사당이었다는 말이다.

그러니까 마을 마당은 다용도·다목적의 유용한 공간이었다. 마을 주민들이 너나 할 것 없이 제집 안마당처럼 이용할 수 있었다. 그래서도 마을 사람들은 이웃이 되고 한 동아리가 될 수 있었다.

이래서 마당은 마을 사람들이 하나가 될 수 있는 공동체의 장場이었다. 광장廣場의 본래의 뜻이며 구실을 제대로 고루 갖춘 터전이었다. 어른들은 마을에 일이 생길 적마다, 중론이 필요할 적마다, 이 마당에서 모임을 가지고 토론하고 의논했다. 혹 마을의 운이 사나워 범법자나 인간 윤리를 어긴 개망나니가 생기면 어떤 벌을 줄까, 어떻게 처벌하고 응징해야 하는가를 두고 모임을 가지기도 했다. 그럴 때면 마당은 영락없는 법정의 구실을 하기도 했다.

그런 진지한 공간이던 마당은 어느새 훌쩍 놀이터가 되기도 했다. 어른들은 거기서 윷판을 놀았다. 그에 질세라 꼬맹이들은 그들대로 마당을 놀이터로 삼았다. 사내애들은 그곳을 술래잡기의 본거지로 삼았고, 거기서 씨름판을 벌이는 한편, 자치기 따위의 놀이로 흥청댔다. 그리고 여자아이들은 뜀질하면서 납작한 돌을 차고 노는 '시차기'를 즐기다 말고는 줄넘기로 재미를 누리기도 했다.

두 여자아이가 마주 보고 갈라서서는 줄잡이를 맡는다. 긴 고무줄이 아니면 동아줄이나 새끼줄을 맞잡고는 위아래로 빙빙 돌려댄다. 다른 아이들은 돌아치는 줄 새를 비집고는 뛰고 또 뛰었다. 줄잡이는 줄을 돌리는 장단에 맞추고, 뜀질하는 축은 뜀질하는 장단에 맞추어 신나게 노래를 불렀다.

뛰어라, 뛰어라. 토끼처럼 펄쩍펄쩍!
강동강동! 강동거려 놀아라!
줄에 걸리면 넘어진다.
넘어지지 않게 껑충껑충 뛰어라!

이런 투의 노래를 부르면 아이들의 줄 돌리기며 줄타기는 더 한층 신명을 돋운다.

또는 다른 방식으로 줄 놀이를 하기도 했다. 두 여자아이가 마주 보고 앉아서는 줄을 쌀랑쌀랑 땅바닥에 대놓고는 좌로 우로 번갈아서 흔들어댄다. 슬쩍슬쩍 흙먼지가 이는 것과 아울러서 다른 아이들은 움직이는 줄을 넘어서며 오락가락 춤을 춘다. 물론 노래 장단에 맞추어 무용을 하다시피 한다.

그런데 이게 뭐람? 난데없이 심술꾸러기 사내아이 한두 녀석이 끼어든다. 그냥 끼어드는 게 아니다. 줄을 잡아채거나 짓밟으면서 훼방을 놓는 게 아닌가! "이 녀석, 쳐 죽일 녀석!" 여자아이들이 제법 강단 있게 대들면 심술쟁이는 냅다 줄행랑을 놓았다. 그걸 놓칠세라 여자아이들도 치맛바람도 거칠게 그 뒤를 쫓곤 했다. 이런 소란만큼이나 놀이판은 갖가지 신바람을 피우게 된다. 훼방질도 도망질도 뒤쫓아 잡으러 가는 것도, 이런 것들은 또 그것대로 또 다른 '마당의 놀이판'이었다.

이렇게 안마당은 안마당대로 바깥마당은 바깥마당대로 제 구실을 맡아 했다. 안마당은 가족을 위한 공동의 광장이었고, 바깥마당은 마을 전체를 위한 광장이었다. 그런 중에도 바깥마당의 구실은 특별한 것이었다. 마을 안이 온통 한 덩치가 되고 한 동아리가 되어서 뭉치도록 하는 게 그 구실이었다. 마을 사람이면 누구나 거기서 하나로 어우러졌다. 한마음 한뜻이 된 것이다. 그러던 것이, 이제 크고 작은 도시에는 광장이 별로 없다. 혹 있다 해도 그건 그저 텅텅 빈 공터일 뿐. 오늘날 우리에게는 어우러짐이 없어지고 말았다. 마음 하나로 뭉치게 되는 그 어우러짐이 이젠 사라져가고 있다.

바자울

'울도 담도 없는 집'이란, 말 그대로는 '울타리도 담장도 없는 집'이란 뜻이지만, 둘러서는 '의지가지도 없다'는 뜻으로 쓰이기도 한다. 지켜주고 막아줄 장치도 수단도 없다는 말이다. 사람으로 치면 옷가지도 하나 걸치지 못하고 알몸인 것과 마찬가지. 그러니 울이며 담, 울타리나 담장은 집 둘레에 처져 있거나 세워져 있게 마련이다.

한데 그것들이 차지하고 있는 자리나 맡고 있는 구실은 비슷하지만 담과 바자울은 많이 다르다. 담이라면 흙담과 돌담이 있는데, 흙담(토담)은 주로 흙으로 쌓아올리면서 군데군데 돌을 섞어 넣고, 돌담은 순전히 돌로만 쌓아올린다. 그러니 돌담은 말할 것도 없고 토담만 해도 굳건하고 단단한 편이다. 하지만 바자울은 풀과 나무로 세운 것이라서 부실하기 짝이 없다. 띠나 갈대 또는 수수깡을 철사로 엮어서 큰 방석 모양으로 네모꼴을 만들면 그걸 울바자 또는 바자라고 했다. 그것들을 다시 또 옆줄로 엮되, 중간중간 대나무나 그 밖의 나무줄기를 세워 엮어서는 뜰 바깥의 집 둘레에다 세우면 그걸로 울바자 또는 바자울이 완성되었다. 그러니 부자들의 기와집을 에워싼 돌담에 비하자면 바자울은 살림이 넉넉지 못한 집의 몫이었다. 초가집 바깥으로 둘러쳐진 바자울은 높지도 실하지도 못했다.

그러나 나지막하게 뜰 바깥으로 둘러쳐진 바자울은 고즈넉하고 안온하고 정겹기가 이를 데 없었다. 바자울은 구태여 집 안과 집 밖을 갈라놓지도 않는다. '울'이란 말이 한 식구나 일가친척을 두고 쓰이기도 했듯이, 그것은 서로 마음 터놓고 의지해서 도움이 되는 것을 의미했다. 예컨대 '울이 세다'고 하면, '일가친척이 많다'는 뜻이 되기도 했던 것은 바로 그 때문이다.

그렇듯이 사람과 사람 사이를 열어놓는 마음의 울이 울바자의 울이며, 울
타리의 울과 그 말의 뿌리가 같다는 것에 마음을 쓰고 싶다. 사립짝이나 사
립문이 그렇듯이 바자울의 울이 집 안과 바깥, 이 집과 저 집을 갈라놓기만
하는 것이 아니라, 서로 가르면서도 서로 열고 맺고 한다는 것을 일러주고
있다. 이건 매우 중요하다. 도시의 콘크리트 벽이며 시멘트 담과는 사뭇 다
르다. 그건 악착같이 막고 갈라놓기만 하기 때문이다.

바자울 안으로는 초가집채가 환하게 들여다보였고, 뜰 안과 바깥채의 대
청마루가 들여다보이기도 했다. 괭이 메고 지나가는 이웃과 대청마루에 앉
아 밖을 내다보는 집주인의 눈이 마주치면 서로 빙긋 웃기도 했다. "아침 잡

초가집 바깥으로 둘러쳐진 바자울은 높
지도 실하지도 못했다. 그러나 나지막
하게 뜰 바깥으로 둘러쳐진 바자울은
고즈넉하고 안온하고 정겹기가 이를 데
없었다.

수셨소?”“어디 가는 길이오?” 하고 다정하게 인사말이 오가기도 했다. 때맞추어 지나치던 갑돌이가 마당 건너 안채에다 대놓고는 소리치기도 했다.
“꽃순아, 학교 가자.”

그래서도 울바자는 이웃과 이웃 사이에서 ‘울이 센’ 구실을 정겹게 맡아내었다. 한데 그 울은 약해진 게 아니라 이젠 아예 없어지고 말았다. 서로 정을 터놓을 울은 이제 없다. 다만 시멘트 벽이, 콘크리트 벽이 사람과 사람 사이를 가로막고 있을 뿐이다.

안채, 안방

‘초가삼간’은 ‘삼간초옥’이라고 해도 다를 것이 없다. 문자 그대로는 안방, 건넌방에다 부엌이 달린, 작은 공간이 셋밖에 안 되는 초가집이란 뜻이지만, 둘러말할 때는 그냥 ‘보잘것없는 가난한 집’을 삼간초옥이라 불렀다.

하지만 집안 형편이 나아지면 집채는 네 칸도 되고 대여섯 칸도 되었다. 집채 전체의 모양새도 ㄱ자 형, ㄷ자 형 그리고 ㅁ자 형으로 바뀌게 되는데, 거기에 여러 개의 방을 비롯해 마루며 헛간, 마구간 등의 공간이 자리하고 있었다. ㄱ자 집채는 한 팔로, ㄷ자 집채는 두 팔로 식솔들을 감싸주었고, ㅁ자 집채는 온 가슴으로 감싸 안아주는 느낌이었다.

어느 집에서나 보통은 주부가 차지하고 있는 방을 안방이라고 불렀다. 여성들, 곧 안사람이나 안식구가 주로 차지하는 방이라서 안방이라고 한 것이다. 초가삼간의 경우에는 그냥 한 일— 자 모양으로 옆으로 이어 붙게 마련이어서 안방은 바깥에서 보기로 왼쪽에 자리 잡는 게 보통이었다. 하지만

집채가 ㄱ자로 될 때는 대문에서 보아 가장 안쪽 깊은 곳에 자리 잡게 마련
이었다. 보통 윗방과 다락방이 좌우로 지키고 있는 중간에 위치해 안방은
다소곳한 느낌을 풍겼다. 또 집채가 ㅁ자로 되어 있을 때는 좌우 두 편으로
다른 집채들이 지켜주고 있는 복판에 자리했다. 한결 더 아늑하고 다소곳한
분위기를 자아냈을 것이다.

> 율촌댁은 효원이 신행을 오기 며칠 전에, 좋은 날을 받아 청암부인이 거
> 처하는 안방으로 옮겨 앉았다. 그리고 새로 집안에 들어올 며느리를 위
> 하여, 이때까지 기거해오던 건넌방을 물려주는 것이다.
> 본디 안채란, 가운데 넓은 대청을 두고 오른쪽에 큰 정지와 도장방이 딸
> 린 넓은 안방, 왼쪽에 그보다 작은 건넌방이 있을 뿐이었으니, 고부 양대
> 거처밖에는 할 수가 없는 곳이었다.
> 물론 방을 한 칸 더 달아 내는 것이 무슨 어려운 일일까마는, 삼대가 함
> 께 거하게 되면, 중년의 며느리는 새며느리한테 자기가 쓰던 건넌방을
> 물려주고, 안방으로 들어가 노년에 이른 시어머니와 함께 기거하는 것이
> 상례였다. 사람들은 이 안방을 큰방이라 하였다.
> "내가 이런 날을 기다리며 그 많은 세월을 살아왔었느니라."
> 율촌댁이 큰방으로 들어와 마주 앉은 날, 그네가 절을 하였을 때 청암부
> 인은 탄식처럼 이야기했다. 그 목소리에는 할 일을 다하고 난 사람의 감
> 개와 허탈이 엉기어 있었다.

—최명희, 『혼불』 중에서

한국 문학의 대표적인 대하소설인 『혼불』에서 인용된 이 대목은 안채 안

안방은 집채 안의 또 안에 있는 방이다. 아이
들에게는 어머니의 방이어서 정이며 사랑이
사무쳐 있는 공간이다. 한국인이 누리던 안식
과 평화의 둥지인 셈이다.

방의 위치며 구실에 대해 소상하게 일러준다. 시할머니인 청암부인, 시어머
니인 율촌댁, 그리고 그 새며느리인 효원 등, 삼대가 안채에 함께 살게 된
것이다. 그야말로 안채가 그 이름값을 하고 있다.

큰 마루인 대청을 가운데 두고 안방과 건넌방이 마주 보고 있다. 시어머
니 청암부인은 안방에, 그리고 며느리 율촌댁은 건넌방에 각기 따로 거처하
고 있었다. 한데 효원이라는 신부가 들어옴에 따라서 율촌댁으로서는 그녀
의 새 며느리에게 건넌방을 물려주고 그녀의 시어머니인 청암부인의 방이던

안방으로 옮겨서 함께 거처하게 되어, 그 뒤부터 안방은 큰방이라고 일컬어지게 된 것이다.

이렇듯 안방은 집채 안의 또 안에 있는 방이다. 주부가 주로 거처하는 방이므로 아이들에게는 어머니의 방인 셈이다. 그것은 또 다른 어머니의 품이어서 그곳에 어머니의 정이며 사랑이 사무쳐 있는 건 두말할 나위가 없었다. 그래서 아이들이 안방에 누우면 어머니 품에 안기고 무릎을 베고 누운 것이나 마찬가지가 된다. 안방은 또 다른 의미에서 어머니의 무릎이었다.

안채에 자리하고 있을 때, 안방은 더 한층 안방다움을 갖추게 된다. 잘사는 집의 경우, 바깥채와 안채 사이에 얕은 담이 있고, 그 담에 중문이 서 있게 마련이었다. 대문에 비하면 작지만 아담하고 은근한 느낌을 주는 문. 이 중문은 바깥 대문과는 달라서 집안 식구가 아니고는 드나들지 못했다. 그러니 그 중문 안쪽에 자리한 안방은 겹으로 집 안에 위치하고 있는 셈이 되었다. 안의 또 안이다. 그래서 '안채 안방'이란 말에는 안녕과 편안함이 더 한층 짙게 어리게 된다. 전통 사회에서 한국인이 누리던 안식과 평화의 둥지가 곧 안채 안방이다. 거기서 그 옛날 한국인은 누구나 둥지 속에서 어미 품에 안긴 병아리 새가 되었던 것이다.

한데 오늘날의 아파트에 안채가 따로 있을 턱이 없고 보니, 안채 안방도 있을 수가 없다. 어머니 무릎 같던 그 안채 안방, 어머니 품과도 같았던 그 안채 안방은 한갓진 시골 한쪽으로 비켜나서는 인기척도 없이 사라져가고 있다.

아랫목

온돌방, 구들방!

옛날, 한옥에서 사람들이 거처했던 방은 온돌방 중에서도 구들방이었다. 오돌오돌, 온돌방! 구들구들 구들방! 우리는 거기에 몸을 의지하고 마음을 기대어 살아왔다.

군불을 지피는 아궁이에 이어진 방바닥 아래 불길은 '고래'라고 불렀다. 고래를 덮은 납작하고 작은 돌판은 구들장, 거기에 흙을 덮어서 평평하게 바른 방바닥은 구들바닥이라고 일러왔다. 그래서는 그 위에 장판이나 자리를 깔면 온돌방이 온전하게 완성되었다. 없는 형편에는 맨 흙바닥을 곱게 다듬어서 그냥 그대로 방바닥을 삼기도 했지만.

한여름에는 마른 방바닥이 가실가실 서늘했다. 문을 활짝 열고 등 대고 누우면 삼복더위도 물러가곤 했다. 그건 차가운 냉돌이었다. 그런가 하면 한겨울에는 따뜻했다. 거기에 등을 지고 사지를 펴면, 온돌이란 이름 그대로 다사로운 온기가 온몸을 감싸고 돌았다. 냉돌과 온돌, 그래서는 이 땅의 사시사철은 구들장을 따라서 들고 나고 했다. 기온 따라 덥고 춥고 함에 따라서 잘도 적응해서 목숨을 부지하는 영특함이 거기 서려 있었다.

그리고 특히, 아궁이 가까운 구들장의 구들바닥을 아랫목이라고 불렀다. 불길 드는 목은 아래로 치고, 아궁이에서 먼 곳은 위로 쳤다. 윗목은 방문과 바로 붙은 그 언저리다. 그렇게 우리들은 방을 아랫목과 윗목으로 갈라서 거처해왔다. 그런 중에도 아랫목이 맡아낸 구실이며 그 몫은 별달랐다. 소한 대한으로 추위가 기승을 부리면 부릴수록 아랫목은 제 몫을 단단히 맡아냈던 것이다.

온돌방에서도 아궁이 가까운 구들장을 아랫목
이라 불렀다. 한겨울에도 거기에 등을 지고
사지를 펴면 다사로운 온기가 온몸을 감싸고
돌았다.

식솔들이 옹기종기 어깨를 맞대고 앉는다. 두툼한 이불이 깔린 아랫목에
엉덩이를 포개다시피 하면서 모여 앉는다. 군불 기운이 훈훈하게 살아 있기
도 하고, 더운 기가 쩔쩔 끓기도 하는 그 아랫목! 거기에 식구들은 다리를
디밀고 앉거나 누웠다. 나란히 뻗기도 하고 첩첩으로 포개기도 한 다리는
아랫목의 온기를 빨아들였다. 덩달아서 몸이 녹고 마음도 녹아들었다. 그러
고는 군밤이나 군고구마로 군것질을 하고 김 나는 따뜻한 감주로 목을 축이
기도 했다. 그러자면 오손도손 옛이야기가 도란대기도 했다. 새삼 식솔이
하나라는 것, 피붙이가 곧 정이란 것을 거듭거듭 다짐 두곤 했다.

하지만 오늘날 도시의 아파트에 아랫목이 제자리를 지키고 있을까? 온 방

69

바닥에 난방장치가 되어 있으니 따로 아랫목이 있을 것 같지도 않다. 가령 있다고 해도 침대가 놓인 방에 굳이 아랫목 윗목 가를 턱이 없을 테니……그렇게 아랫목은 사라져가고 있다.

장독대

부엌 뒤편, 뒤뜰의 한 편에 있던 장독대! 거기는 아무나 함부로 기웃대도 좋은 터전은 아니었다. 남들은 말할 것도 없지만 집안의 사내 식솔에게도 금패禁牌, 그러니까 출입금지 푯말이 서 있는 것이나 다를 바 없었다. 그래서 장독대는 어머니, 누나들을 위한 또 다른 안채고 안방 격이었다.

거기, 장독대에 한 집안 맛의 으뜸이 고여 있다. 고조 증조 이래로, 아니 그보다 더 오랜 조상에게서 물려받은, 그래서 대대로 이어져온 맛이며 미각이 거기 깃들여 있고, 또 살아 있다. 그 앞에 서면 입맛이 다셔지고 입안에 침이 고인다. 그뿐만 아니다. 누구나 식솔은 거기서 코를 벌름대곤 한다. 갖가지 양념의 향이 풍겨 나기 때문이다. 그것으로 식구들의 체취, 이를테면 몸 내음도 빚어졌던 것이다.

그러기에 장독대는 당연히 안사람, 곧 주부를 위한 공간이었다. 주부가 관리하고 주부가 운영하고 주부가 지켜내는 '안 터전'이었다.

한마디로 장독대라 불렀지만, 거기에 장독만이 버티고 있었던 것은 아니다. 간장이 담긴 장독대가 대표자 격이고 그 터전의 주인장 격이긴 했지만, 다른 종류의 장독도 나란히 거기서 위세를 떨쳐댔다. 된장독, 고추장독이 간장독과 어깨를 겨루거나 등을 맞대면서 덩두렷하게 자리를 잡았고, 그 외에도 여러 젓갈 담긴 독이나 갖가지 장아찌가 저려진 독도 이웃하고 있었다. 소금으로 채워진 소금독도 한 자리 단단히 차지하고 있었는가 하면, 더러는 무말랭이 같은 말린 채소며 나물이 담긴 독도 장독대의 한쪽을 차지하고 있었다.

간장, 된장, 고추장은 맛을 내는 조미료의 으뜸이다. 찌개를 끓이고 나물을 무치고 할 때 없어서는 안 될, 꼭 필요한 천연 조미료다. 하지만 이 셋은 소금이나 깨, 파, 마늘, 고추 등과 더불어서 양념으로 맛을 내는 데도 쓰이지만, 그것 자체만으로 당당히 반찬 구실을 맡아내기도 한다. 고추장, 된장에 김치나 나물을 섞고는 밥을 비비면 다른 반찬 없이도 한 그릇 뚝딱 먹어 치우곤 했으니까. 그러니 장독은 역시 장독대의 대장인 셈이다.

장독대가 없고 장독이 없으면, 부엌도 밥상도 끼니도 모두 허사다. 있어 봐야 소용이 없다. 제 구실을 맡아서 해내질 못한다. 아니, 집안 식구들의 입도 혀도 모두 별 볼일 없는 게 되고 말 것이다.

그러나 장독대가 각종 조미료며 먹을거리의 안전한 보관소 노릇만을 맡았던 것은 아니다. 주부가 다른 집안 식구들 몰래 뭔가 귀한 것을 숨겨두다시피 하는 비밀 창고 노릇도 장독대의 몫이었다. 그래서 장독대는 주부 아닌 사람에게는 금기의 장소, 이를테면 금지 구역이기도 했던 것이다. 주부가 제 구실 제대로 맡아 할 수 있는 또 다른 안방이었던 셈이다.

그러다 보니 장독대는 작은 성城이고 성터이다시피 했다. 부엌 뒤의 높다란 담장을 끼고 있는 장독대는 낮은 벽으로 둘러쳐져 있었다. 그 자체의 특별난 공간이 되게 둘레와는 구별 지어서 얕은 담을 쌓은 것이다. 잘사는 집 같으면 돌담이나 벽돌담일 테고 그만그만한 집이라면 잔돌이 섞인 흙담이게 마련이었다. 아무러하든 주변과는 구별 지어지는, 내로라하는 작은 성이나

장독대에는 한 집안의 맛의 으뜸이 고여 있었다. 간장, 고추장, 된장은 말할 것도 없고,
소금, 젓갈, 말린 채소며 나물 따위에 보태 주부의 비밀 창고 노릇도 장독대의 몫이었다.

마찬가지였다. 거기서 주부는 여자 성주, 성의 주인 노릇을 했던 것이다.

한데 그 작은 성의 기층, 곧 바닥은 그 주변의 땅보다는 얼마쯤 높게 돋우어져 있었다. 그래서도 장독대라는 성은 주변과는 두드러지게 높이 자리하고 있었던 것이다. 그래서 이 주부의 작은 성은 우뚝하고 거룩한 터전, 이를테면 성역聖域이기도 했던 것이다.

장독대가 그 성과도 같은 모양새로만 성역이 되었던 것은 아니다. 신앙이 바쳐지고 신주가 모셔져서는 믿음의 터전이 된 것으로도 장독대는 의젓한 성역이었다. 그래서 장독대는 옛 시절에는 어머니들의 신단神壇이고 신전이었다. 엎어서 세워진 빈 장독 위에다 사발을 앉히고는 거기 정화수를 떠놓고 어머니들은 하늘에 빌거나 칠성님께 치성을 드렸다. '정화수井華水'라는 것은 말 그대로 '맑고 깨끗한 물'이란 뜻. 한데 그 물에 견주어진 것이 바로 정화수를 떠놓고 비는 사람의 마음이고 정성이었다. 그런 정갈한 마음을 정화수에 걸고서 신들에게 기도를 올린 것이다.

"우리 집에서 우환을 내쫓아주세요. 비나이다, 비나이다, 하느님 전에 비나이다!"

"부디 부디, 우리 막내 병치레하지 않게 해주소서! 칠성님께 비나이다!"

우선 목욕재계. 이를테면 멱을 감아서 몸과 마음을 맑히고서 주부는 이처럼 빌었다. 흰옷의 소복素服 단장丹粧으로 말쑥하고 정갈하게 몸을 사린 어머니들은 이렇게 빌고 또 빌었다. 고개 숙이고 두 손 비비면서 축수했다. 독과 항아리 들이 곱게 차려진 장독대는 그래서 한 집안의 성역, 곧 거룩한 터전이 되었다.

한데도 아이들은 그쯤은 아랑곳하지 않았다. 장독대는 술래잡기할 때, 술래의 눈을 피하는 피난처가 되기도 했다. 큰 장독이나 커다란 김칫독 사이, 또는 그 뒤는 몸을 숨기기에 안성맞춤이었던 것이다.

그런가 하면 아이들에게 장독대는 군것질거리를 찾아내는 보물찾기의 장소가 되기도 했다. 독이나 항아리 안에 어머니가 몰래 숨겨둔 군것질거리를 곧잘 찾아내어서는 큰 장독 뒤에 숨어서 야금야금! 그건 정말 꿀맛이었다.

또 다른 구실로, 여자아이들에게 둘도 없는 소꿉놀이터가 되어준 게 다름 아닌 장독대였다. 여자아이들은 즐겨 장독대에 들어서 어른들 살림살이 하는 흉내를 내었다. 접시에 모래를 담아서는 밥을 삼고 풀을 뜯어서는 나물로 삼았다. 그래서는 된장독에서 된장을 퍼서 종지에 담으면 그걸로 근사한 상차림이 되었다. 진수성찬珍羞盛饌, 이를테면 갖은 맛을 내는 먹을거리와 반찬을 장만해서 한 상 그득 차린 것이다.

그러나 이젠 없다. 간장, 된장, 고추장 모두 마트나 슈퍼마켓에서 사다 먹는다. 그러다 보니 장독대가 필요 없게 되고 말았다. 장독대는 없어지거나 빈터가 된 지 오래다. 덩달아서 우리 생활의 일부도, 거기 엉긴 마음가짐도 빈털터리가 되고 말았다.

아궁이

아궁이에 불이 지펴지면 그건 온 집안의 훈기가 되었다. 밥 짓고 군불 때는 것으로 아궁이가 제 구실을 다하고 마는 것은 아니었다. 거기 집안 식구들의 또 다른 체온, 이를테면 가족들이 서로 손 잡고 느끼는 다사로움이 어리기도 했다.

우선 아궁이 바닥에 수숫대나 옥수숫대 아니면 갈잎을 불쏘시개로 깐다.

불길이 쉽게 일도록 바람구멍을 장만해서는 그 위에 나뭇가지며 장작 등, 땔감을 얹고 펴고 한다. 그러고는 지푸라기에 성냥불을 댕겨서는 쏘시개에 들이민다.

타닥타닥!

쏘시개에 여린 불길이 옮아붙으면 어머니는 부엌 바닥에 닿도록 고개를 잔뜩 숙이고는 '후!' 하고 입김을 연해 연신 불어댄다. 아니면 살래살래 부채질을 하기도 한다. 불길을 까불리는 것이다. 덕택에 불길은 급하게 살아난다. 까불려진 불길은 쏘시개에서 땔감으로 옮겨 붙는다. 그래도 부채질은 계속된다. 깡마른 땔감일수록 불길은 금방 치솟는다.

활활!

불길이 타고 있다. 부뚜막 아래 아궁이에 불길이 일고 있다. 고래를 타고는 구들 안 깊숙한 곳까지 불길이 쏠려 들어가고 있다. 그럴수록 군불을 때는 어머니의 손길은 부산해진다. 땔감이며 땔나무를 잇따라 지핀다. 기다란 막대기인 부지깽이로 아궁이를 헤집다가는 곧바로 잘 다듬어서는 불길을 돋운다.

이내 아궁이 위며 부뚜막이 더워진다. 무쇠 가마솥에서는 물이 끓고, 솥뚜껑이 들먹대고, 덩달아서 더운 김이 솥뚜껑 새로 훈김을 뿜어낸다. 불길은 마치 일부러 내달리듯이 방고래 안으로 휘몰아친다. 아궁이 안은 작은 용광로 속처럼 온통 벌겋게 달아오른다.

이제는 군불 때기가 한창이다. 아궁이 조금 위의 부엌 벽에 그림으로 또는 나뭇조각으로 모셔진 조왕竈王(부엌 신)님 이마며 얼굴에도 땀이 고인다. 만져보나 마나, 지금쯤 방구들 아랫목은 등 대고 드러눕기 좋을 만큼 따뜻해져 있을 것이다. 필시 산에 가서 땔나무해 온 아저씨가 사지를 뻗고 길게 누워 있을 것이다.

하지만 군불 때기로만 아궁이가 한몫했던 것은 아니다. 많은 식구를 먹여 살릴 밥 짓는 것 말고도 메주 담글 콩을 삶기도 했다. 아니지, 그것보다 훨씬 요긴한 일도 맡아냈다. 가마솥 안에 시루를 올려놓고 떡을 쪄낼 때, 아궁이는 여간 귀엽고 어진 게 아니었다.

주인아주머니를 위해서 큰 구실을 하는 한편, 아궁이는 아이들을 위해서도 멋진 기회를 안겨주었다. 군불을 다 때거나 밥을 다 짓고 난 다음, 큰 불길이 죽고 작은 불길마저 시든 다음에 아궁이 바닥에 잿불이 남으면 그걸 노리고 아이들은 웅숭그린 채로 군것질 차례를 기다렸다.

손을 대면 아직 뜨거운 잿불 속에다 생고구마를 묻고는 그 위에다 잿더미에서 타다 남은 불덩이를 얹는다. 부지깽이로 재에다 낙서를 하거나 그림을 그리며 기다리고 있으면 구수한 냄새가 솔솔 피어나며 이제 제때를 만나게 된다.

그리고 재를 헤집고는 꺼낸다. 군고구마가 둘, 셋…… 조금 꺼멓게 그을기도 한 껍질을 벗기면 노랗게 익은 속살이 드러난다. 그게 피워내는 냄새와 김이라니! 보기만 해도 군침이 돈다. 뜨거워서 더 달콤하고 구수한 그 양수겸장의 맛이라니! 입가에도 어느덧 누런 고구마 살과 시커먼 잿가루가 엉기게 마련이다.

고구마만 구워 먹은 게 아니다. 군밤도 꼬맹이들이 아궁이에서 마련하는 여간 근사한 먹을거리가 아니었다. 한데 이 밤 구이로는 장난을 치기도 했다. 식은 아궁이 속 잿더미에다 어머니 몰래 생밤을 두어 알 묻어둔다. 아니, 숨겨둔다. 어머니가 아궁이에다 불을 지필 때, 벌어질 어떤 사건을 노리는 것이다.

밥 짓고 군불 때는 것으로 아궁이가 제 구실을 다하고 마는 것은 아니었다. 거기엔 집안 식구들의 체온과 손 잡고 느끼는 다사로움이 어려 있기도 했다.

이윽고 어머니가 아궁이에 불을 지피고…… 불기운이 아궁이 속에 차자마자, '펑, 펑!' 하는 폭발음이 연달아서 인다. 겉껍질에 칼집을 내지 않은 생밤이 익어서 폭발하는 바로 그 소리다. 어머니는 화들짝 놀라며 기겁을 하고는 엉덩방아를 찧게 마련.

"이 녀석들이 또! 어디 내가 밥을 주는가 봐라."

이래서 한 가정의 코미디 극장이 되기도 했던 아궁이. 지금은 가고 없다. 불기운이 삭은 지도 까마득하다. 오늘날의 부엌에는 아궁이가 없기 때문이다. 부엌에 가스 장치는 되어 있어도 아궁이는 없다. 한 집안의 더운 기운도 그만큼 식은 게 아닌지 모르겠다.

사랑채, 사랑방

옥희네 집에는 세 식구가 산다. 스물네 살 난 과수댁인 옥희 어머니와 중학교에 다니는 외삼촌과 그리고 옥희다.

그런 옥희네 집에 낯선 손님이 찾아든다. 그는 옥희의 큰외삼촌의 친구이고 죽은 옥희 아버지의 친구이기도 한데, 옥희네 동네의 교사로 부임해 왔다가 마침 옥희네 사랑채에 들게 된 것이다.

그러던 어느 날, 옥희는 선생 방의 꽃병에 꽂힌 빨간 꽃을 가져다 어머니에게 준다. 어머니가 "그래 그 꽃은 어데서 났니? 퍽 곱구나" 하고 묻자, 옥희는 엉겁결에 사랑 아저씨가 엄마 갖다 주라고 줬다고 대답해버린다.

옥희 어머니는 몹시 놀라며 그런 걸 받아 오면 안 된다고 야단친다. 그러나 어머니는 말과는 달리 꽃을 꽃병에 꽂아서 풍금 위에 놓는다.

그날 밤, 옥희가 사랑방에 나가 아저씨 무릎 위에서 놀고 있는데 문득 풍금 소리가 울려 온다. 옥희는 안방으로 뛰어간다. 소복을 하고 달빛을 받으며 풍금을 타는 어머니의 두 뺨에선 눈물이 흘러내린다. 그리고 딸을 보고 말한다. "옥희야, 나는 너 하나면 그뿐이다."

이런 일이 있은 후 아저씨는 어머니에게 전하라고 옥희에게 봉투를 준다. 그것을 받은 어머니는 몹시 당황하며 봉투를 연다. 거기에는 밥값과 함께 종이쪽지가 들어 있었다.

그날 밤, 옥희는 밤중에 깨어나 어머니가 아버지 옷을 꺼내 놓고 앉아 있는 것을 본다. 어머니는 옥희와 함께 기도하다가, "시험에 들지 말게, 시험에 들지 말게……" 하고는 더 이상 말을 잇지 못한다.

세월이 지난 어느 날, 아저씨는 짐을 꾸린다. 어머니는 옥희와 함께 언덕에 올라가, 아저씨가 탄 기차가 사라질 때까지 하염없이 바라보고 있다. 그리고 집에 돌아오자 책갈피에 끼워놓았던 꽃송이를 버린다.

이것은 주요섭의 단편소설 「사랑손님과 어머니」의 줄거리다. 아름답고도 안쓰러운 이야기가 읽는 사람의 마음을 사로잡는다. 모르긴 해도 옥희네 집에 사랑방이 없었더라면 이런 이야기는 꾸며지지 않았을 것이다. 우리의 전통 가옥에 사랑방이 있었기에 비로소 이런 이야기가 엮어진 것이다.

이 방은 남자 어른들이 기거하는 방으로서 한자로는 '舍廊(사랑)'이라고 쓰고 '사랑' 또는 '사랑방'이라고 불렀다. 그러나 어느 집에서나 볼 수 있었

사랑방은 남자 어른들이 기거하던 공간으로, 대문과 가까운 바깥에 있었다. 출입이 자유롭고 외부에도 개방되어 있어서 남성들의 권위며 세도의 터전이 되기도 했다.

던 건 아니다. 세 칸밖에 안 되는 초가삼간에는 사랑방이 있을 수 없었다. 앞의 '안채, 안방'을 다루면서 언급했던 ㄱ, ㄷ, 또는 ㅁ 자의 집채라야 비로소 사랑채가 있고, 거기 사랑방이 딸릴 수 있었다.

사랑방은 여성들의 공간인 안채, 안방에서는 비교적 멀리 떨어진 곳에 위치했다. 대문과 가까운 곳이라서 바깥에 가깝다는 인상을 풍기게 되고, 그래서는 바깥사람, 곧 남성의 공간으로 여겨진 것이다.

그러나 월등히 잘사는 집 같으면, 중문을 사이에 두고 안채와 바깥채가 따로 있었는데, 그것에 따라서 바깥사랑과 안사랑이 구별되기도 했다. 안사랑은 집주인 어른이 거처하는 공간인데 비해서, 바깥사랑은 남자 손님들이 머물게 되는 공간이었다.

지나간 시절에는 '남녀유별男女有別'이라 해서 남녀의 구별이 심했었다. 남녀는 주로 바깥과 안으로 구별되어 있었는데, 이 경우 안은 외부 세계와는 단절된 공간이었다. 그래서는 거의 폐쇄되거나 닫힌 공간이었다. 그에 비해 바깥으로 일컬어진 남성들의 공간은 출입이 자유롭고 외부에도 개방되어 있었다. 그런 것에 더해 사랑채며 사랑방은 남성들의 권위며 세도의 터전이 되기도 했던 것이다. 하지만 이젠 남녀가 동등해진 시대가 되었기 때문일까, 한 집안에서 안팎의 구별이 없어진 것은 이미 오래되었다. 더 이상남녀가 서로 내외하지 않듯이.

마루, 대청마루

'청廳', 혹은 '청마루'라고도 불린 마루는 대개 방의 바깥 가장자리, 그러니까 처마 아래쪽에 얄팍한 나뭇조각이나 판자를 깔아 이룩된 공간이다. 어른들 무릎 높이만 한 받침이 괴어 있어서 아이들은 거기 걸터앉아서는 다리를 달랑대는 게 재미였다.

마루는 방과 바깥의 경계여서 밖으로 나갈 때나 방으로 들어올 때, 그곳을 디디고 지나가야 했다. 밟힐 때면 삐걱대는 소리가 들리곤 했는데, 식구들마다 다른 독특한 발걸음 소리를 내곤 했다.

그런가 하면 툇마루라는 특별한 이름을 가진 마루도 있었다. 사전에는 "원 칸살 밖에 달아낸 마루"라고 되어 있는데, 이 경우 칸살이라는 것은 "집의 도리 네 개로 둘러막은 공간"이라고 뜻이 새겨져 있다. 칸살은 뭐고 도리는 또 뭔가? 지금으로서는 모르는 말들이다. 도리는 "서까래를 받치기 위해 기둥과 기둥 위에 건너 앉은 나무"라고 풀이되는데, 이젠 또 서까래가 말썽이다. 서까래는 "처마를 받치고 있는 나무"라고 사전은 일러준다.

툇마루 하나를 알기 위해서는 칸살, 도리, 서까래의 뜻을 또 풀어내야 한다. 그야말로 첩첩산중이다. 사전의 풀이 없이는 못 알아들을 만큼, 그 모든 것은 우리에게서 멀어져가고 말았다. 그러다 보니 전통 가옥이 통째로 오늘의 우리와는 무관한 것이 되고 말았다. 아무튼, 툇마루는 집채의 방 바깥에 딸린 비교적 좁은 마루쯤으로 받아들이는 게 좋을 것 같다. 일부 지방에서는 '쪽마루'라고도 불렀다.

한데 대청 또는 대청마루는 툇마루와는 많이 다르다. 방에서 바깥으로, 또는 바깥에서 방으로 드나들 때 거치는 공간이 툇마루라면, 대청은 그 자체로 당당하게 제 구실을 맡아내는 독립된 공간이다. 툇마루가 건물 가장자리에 붙어 있었던 데 반해, 대청은 집채, 그것도 본채 안쪽에 널따랗게 자리하고 있었다.

대청, 혹은 대청마루는 비교적 덩치가 큰 한옥의 안채에 있었다. 많은 나무 널빤지가 깔려 제법 넓은 공간인 그곳은 대개 안방과 건넛방 사이에 위치해 있었는데, 앞으로는 서까래를 받치고 있는 기둥 새로 안뜰이 환히 내다보였고 뒤로는 좁은 뒤뜰로 통하는 키 낮은 문이 나 있기도 했다.

겨울에는 마루 안까지 밀려드는 햇살을 쬐면서 마루 끝에 앉는 게 좋았다. 사람들은 누구나 그곳에서 햇살을 쬐면서 해바라기가 되었다. 그래서 삼동三冬 나기가 좀은 편했다. 또는 장마가 질라치면 마루 안쪽에 자리해서는 마루 끝 처마에서 떨어지는 낙숫물을 바라보며 평발 괴고 앉아 있는 게 좋았다. 주룩주룩! 낙숫물 소리 따라서 고된 살림, 애달픈 마음이 달래지기도 했다.

한데 사시사철 중 여름에야말로 대청의 보람이 가장 크고 높게 올라서곤 했다. 해가 서녘으로 기울고 온 마룻바닥에 그늘이 질 때, 사지를 뻗고는 길게 눕는다. 낮 동안 땀에 전 등줄기에 서늘한 기운이 뻗친다. 팔베개를 하거나 목침을 벤 머리로 바람이 가볍게 스친다. 저만큼 뜰 한구석에서 수탉이 해 진다고 우는 울음이 그렇게 소슬할 수가 없다. 눈까풀이 절로 감긴다. 사지가 풀린다. 잠보다 먼저 꿈이 찾아든다.

이제 도시의 생활공간에는 마루가 없다. 틀로 찍어낸 듯한 거실과 베란다는 있지만, 운치도 있으면서 실용적인 툇마루나 대청마루는 아예 엄두도 내지 못한다. 아주 요긴한 삶의 터전을 잃고 말았다.

외양간

요즘 사람들로서는 상상도 못할 일. 한 집안 가족이 사는 공간과 별로 멀지 않은 곳에 말이나 소를 기르는 공간이 있었다면 누가 믿을까? 가족들이 살고 있는 집채에서 바라다보이는 뜰 안의 한 귀퉁이에 자리하고서는 소들이 자라고 말들이 머물러 있는 공간. 그곳을 외양간이라고 불렀다. 다른 말로 하면 '축사畜舍'나 '우사牛舍'라고 할 것이다.

비록 적당히 거리를 두고 있긴 했지만, 사람 사는 집의 뜰 안에 외양간이 있었다는 것은 소나 말을 한 식구나 마찬가지로 대접했다는 뜻이기도 하다. 물론 외양간은 안채와는 멀리 떨어져 있었고, 남자들의 공간인 사랑채나 사랑방에서는 상대적으로 가까운 거리에 있었다. 그래서는 대개 사립문이나 대문에 가까운 바깥과 맞닿은 터에 자리해 있었는데, 이는 되도록 소나 말을 사람 사는 공간과 떼어놓자고 든 것이겠지만, 그래 보아야 어차피 한 뜰 안이었다. 구리고 역한 냄새가 풍겨 오게 마련이었고, 소나 말 우짖는 소리로 가족들의 귓전이 소란스러웠다. 그러니 우사나 축사를 집 바깥 멀리에 따로 자리 잡는 근래의 실정과는 사뭇 달랐다.

사람 사는 집의 뜰 안에 외양간이 있었다는 것은 소나 말을 한 식구나 마찬가지로 대접했다는 뜻이기도 하다.

대충 지붕이 가려진 아래에 나무 말뚝 몇 개를 줄지어 박아 세우면 외양간은 완성되었다. 그러니 가족들이 사는 집채에서는 빤히 들여다보이게 되어 있었다. 그래서도 그 옛날 사람들은 소며 말을 귀하게 다룬 것이다.

하지만 오늘날로서는 턱도 없는 일이다. 도시의 아파트는 물론이고, 단독 주택의 경우에도 외양간 따위는 상상도 못할 것이다. 개나 고양이는 더러 집 안에서 기르고 있지만, 소나 말은 이제 어림도 없게 되었다.

또 다른 기둥 걸이: '올게심니'라는 것

비나이다, 비나이다.

올게심니 전 비나이다.

부디 우리들 정성 살펴셔서

다음 해도 또

풍년 들게 인도하소서.

이렇게 축수하는 소리 속에서 '올게심니'라는 것이 뭘까? 뭔지 통 알 수가 없다. 웬만한 국어대사전에는 실려 있지도 않은 그 말, '올게심니'라니…… 그게 뭘까? 궁금하다. 순 우리말이 아닌 것 같기도 하고…… 더더욱 궁금하다.

'올게심니'는 집 안, 안채 대청마루 기둥에 걸려 있던 그 무엇이다. 옛사람들은 집 안에 곧잘 무언가 물건 가지를 앉혀 두거나 모셔 두거나 또는 걸어 두곤 했는데, 올게심니도 그중 하나다.

음력 그믐날 쳇바퀴가 걸리곤 했던 그 기둥 자리에, 옛날 같으면 올게심니가 집집마다 거의 빠짐없이 걸려 있었다. 그것도 여보란 듯이 매우 높다랗게 매달려 있었다. 아니, 섬겨지고 모셔져 있었다고 하는 게 더 옳겠다.

벼를 비롯해 조, 수수 등의 곡식을 목째 베어다가 엮어놓은 것이 다름 아닌, 올게심니였다. 물론 예사 낟알을 달아놓았던 건 아니다. 논 전체를 두고, 또는 밭뙈기 전체를 두고 가장 잘 여물고 가장 잘 익은 곡식알이 붙은 이삭이라야 비로소 올게심니가 될 자격이 있었다. 말하자면 벼, 수수, 조 들 가운데 일등품만이 특별히 선택된 셈이다. 그러니 대접을 융숭하게 받아서 덩그렇게 기둥머리에 모셔진 것이다. 그런 곡식 이삭과 나란히 바가지가 한두 개씩 매달려 있기도 했다.

왜 그랬을까? 이를테면 '곡물 숭배' 같은 것이었을까? 곡물을 신주처럼 모시기 위해 그랬을까? 물론 그런 면도 있었다. 옛날 사람들, 특히 농사꾼들은 '곡령穀靈'이 있다고들 믿었다. 곡식 낟알 안에 신령이 깃들어 있다고 믿은 것이다. 그런 탓에 곡식 자체가 아예 신앙의 대상이 되고 숭배의 대상이 되기도 한 것이다. 당연히 높은 곳에 받들어 섬겨야 했던 것이다. 새삼 말할 필요도 없이 올게심니에 곡령이 깃들어 있다고 옛사람들은 믿은 것이다.

옛사람들은 올게심니를 마루 기둥에 모시고 고사를 지냈다. 갓 쪄낸 떡과 갓 걸러낸 술을 바쳤고, 닭을 잡아서 바치기도 했다. 한 상 안존하게 제사상 차려서는 절을 하고 빌곤 했다. 그러니 올게심니로 밥이나 떡을 해서 먹는다? 그건 말도 안 되는 소리다. 신주를 먹다니…… 어림도 없는 일이다. 천벌을 받을 게 뻔하다.

늦가을이 지나고 겨울이 지나고 드디어 봄이 와서 농사철이 찾아들었을 때, 비로소 농사꾼들은 올게심니를 일부만 모셔 내렸다. 그리고 그걸 새봄

올게심니가 든 대바구니와 명태. 옛사람들은
올게심니에 곡령이 깃들어 있다고 믿어 신주
모시듯 정성을 다했다.

이나 새 여름 농사를 위한 종자로 썼다. 그러면서 거듭 풍년이 들기를 빌었다. 그때 그 올게심니에는 농민들의 지극정성이 어려 있었다.

씨종자로 쓰고 남은, 묵은 올게심니는 봄 가고 여름 가고 늦가을 추수철이 왔을 때, 비로소 새로 수확한 올게심니와 자리바꿈을 했다. 물론 그냥 바꾼 건 아니다. 그때에도 엄숙한 절차가 있었다. 근 일 년 모셔졌던 묵은 올게심니를 찧거나 빻아서 밥을 하거나 떡을 해서는 돌아가신 조상님의 혼령에 바쳤다. 사당에 제사를 드리기도 했다.

쌀, 보리, 수수, 그런 곡식들에 신령이 깃들어 있다고 믿는 사람들이면 곡식에 정성을 쏟을 것이다. 함부로 대하지도 않을 것이다. 신주 모시듯 할 게 뻔하다. 그러자니 인생을 함부로 대할 턱이 없다. 하니까, 우리는 새삼스레 마음에 새겨야 할 것이다. 사물이라도, 물건이라도…… 그게 곡식이 되었건 아니건 간에 사람들이 정성을 다해 다루어야 한다는 그 귀한 가르침 하나는 명심해야 할 것이다.

물론 오늘날에는 시골 농가 마루에서도 올게심니를 찾아보기가 쉽지 않다. 기둥에는 아무것도 걸려 있지 않기 십상이다. 곡식의 낟알을 섬기다니…… 그런 것은 잊은 지 오래다.

마을에서, 집에서

마을, 동네,
그것은 지난날, 우리들 목숨의 큰 둥지.
옹기종기 모여 앉은 집으로 이룩된 마을,
마음도 그렇게 어울리게 마련이었다.

사립 갖추고 울타리 두르고
그러곤 뜰 안 내다보는
우리 옛집,
그것은 우리들의 보금자리, 모태와도 같은 것.

마을, 마을살이

향촌鄕村, 향리鄕里! 문득 그리워진다.

집과 집이 모여서는 무리 지어 있는 곳, 그게 마을이다. 시골에서는 향촌
이나 향리라고 부르는 한편, 동리洞里 또는 동네라고도 부른다.

경향京鄕이란 말은 서울과 향촌이란 뜻인데, 서울 아닌 곳은 어디나 향촌
이라고 일러 왔다. 줄여서 '촌村'이라고 부르는가 하면 그저 '시골'이라고 부
르기도 했는데, 그건 지금도 달라지지 않았다.

향촌 또는 촌은 흔히 둘로 나뉘었는데, 반촌과 민촌이 그것이다. 양반 마
을은 '반촌班村'이라 했고, 상민 또는 평민의 마을은 '민촌民村'이라고 했다.
한데 아무래도 마을이라면 민촌이 먼저 떠오른다. 농민이 모여 사는 마을이
라야 보다 마을답게 느껴지기 때문이다. 으리으리한 기와집이 무리 지어 있

얕은 산기슭의 마을. 집들이 오밀조밀하고 다
소곳하게 이웃해 있어 아늑하고 안존한 느낌
을 준다.

는 반촌은 아무래도 시골 마을의 낌새가 적을 수밖에 없다. 그래서도 마을
이라면 역시 민촌이다. 문자 그대로 농촌이다.

들판의 평지도 좋지만 마을의 입지로는 아무래도 얕은 산기슭이 좋다. 높
지도 얕지도 않은, 그러면서도 제법 널따란 기슭일수록 마을다워 보인다.
뒤와 좌우 양쪽으로 제법 높은 산을 끼고 있으면 더 좋다. 그리고 남향으로
앞이 틔어 있어 환하게 들판이 펼쳐져 있으면 더욱더 좋을 것이다. 그래서
마을은 풍수지리설風水地理說로도 명당明堂자리를 차지하게 된다. 자연의 기
운을 담고 땅의 복을 타고 있기 때문이다.

마을 한쪽으로는 산골을 타고 내린 개울물이 졸졸 흐르다가는 논이 펼쳐

92

진 새를, 또는 가장자리를 흐를 때는 샛강이라 불러도 될 만큼 넓어진다. 그래서 개울은 마을이 갖춘 기세를 말하게도 된다. 그런 지리적 조건을 바탕에 두고 마을은 꾸려진다. 전체로 보아서 아늑하고 안존하다. 얕은 기슭은 위아래로 또는 양옆으로 높낮이가 조금씩 다를 수도 있기에 집들이 서로 높고 낮고 할 수 있다. 그러나 전체적으로는 오밀조밀하고 다소곳하게 집들이 이웃해 있게 마련이다.

집과 집 사이에는 아예 담이 없거나 있다고 해도 얕은 토담이라서 서로 열려 있다시피 하다. 그야말로 서로 이웃사촌이다. 집성촌集姓村, 이를테면 같은 성바지끼리 몰려 있으면, 문자 그대로 또는 명실상부한 이웃사촌이 된다. 그러나 각성바지라도—이를테면 몇 가지 서로 다른 성씨끼리 모여 살지라도—집성촌의 이웃사촌보다 못할 것도 없다. 오래도록 정이 붙고 나면 각성바지 마을일지라도 앞집 아저씨, 뒷집 형, 옆집 누나…… 그렇게들 인연 맺고 다사롭게 살아왔다.

마을에서 잔치가 벌어지거나, 혹은 초상이 나면 한 동아리가 되어 서로 돕는다. 네 집, 내 집이 따로 없다. 별식이나 맛나는 음식을 장만하면 으레 마을 사람들이 고루 모여 집집마다 그 맛을 나누곤 했다. 그뿐인가, 누군가의 생일상은 마을 전체가 마주하는 잔칫상이 되었다.

그래서도 한 마을이라고 했다. 집이 서로 이웃해서 몰려 있어서만 한 마을이라고 한 것은 아니다. 마음끼리 열려 있고 어울려 있어서 비로소 한 마을이라고 했던 것이다. 한데, 저 박정희 정권 때의 '새마을 운동'인가 뭔가 하는 것을 계기로 전통적인 향리가, 마을이 달라지기 시작했다. 그러다가 이젠 영영 옛 모습을 못 보게 되고 말았다. 옛적의 마을 모습을 이젠 어디 가서 찾는단 말인가.

마을, 그 짜임새

전통적인 마을은 대개 산을 뒤로 하고 앞에는 너른 들을 마주하고 있었다. 아주 깊은 산골 마을이 아닌 바에는 대개 그렇게 자리를 잡게 마련이었다. 마을 가운데 또는 가장자리로 개울이 흐르는 것도 비슷한 풍경이었다. 이른바 '배산임수背山臨水'의 지형이다. 그래서도 고향 마을 하면 누구나 '산 좋고 물 좋은'이란 수식어를 자연스레 붙이곤 했다. 그렇듯 산과 물의 정기를 안고 있는 고장, 그게 옛적의 마을이다. 그렇게 시골 마을엔 옹기종기 그만그만한 크기의 짚으로 지붕을 인 초가가 사이좋게, 마치 어깨동무라도 하듯 모여 있었다.

시골 마을의 뒷동산에는 에누리 없이 '성황당' 또는 '서낭당'이 모셔져 있었는데, 또는 '산신당'이란 이름으로 섬겨지기도 했다. 서낭신은 토지신이면서 마을의 신이다. 마을의 지킴이, 곧 수호신인 셈이다. 그래서 동신洞神, 그러니까 동리의 신이라 불리기도 했다.

서낭당은 대개 큰 나무들, 그러니까 서낭숲으로 에워싸여 있는 경우가 많았다. 그 가운데에 서낭당이라는 작은 당집이 자리하고, 그 안에는 지역에 따라 '터줏가리'라고도 불리는 신이 모셔져 있기도 했다. 터줏가리는 '골맥이', 곧 고을을 막아주는 신이라고 일컬어지기도 했는데, 대개는 작은 바위였다. 이와는 달리, 커다란 고목 한 그루가 서낭신으로 섬겨지기도 했는데, 사람들은 그 나무를 '서낭나무'라고 불렀다. 그 고목의 밑동에는 으레 왼새끼, 곧 왼쪽으로 꼰 새끼줄이 빙 둘러쳐져 있었다.

그런가 하면 개울이나 샛강이 흐르고 있는 마을에서는 더러 '수구막이' 또는 '수구나무'라고 하는 물의 신이 모셔져 있기도 했다. 대개의 마을 초입에

는 마을 사람들에게 식수로 공급되는 공동 우물이 있었는데, 거기에서도 더러는 수구막이가 섬겨지기도 했다. 아무러하든 물 긷고 나르고 하는 것은 여자의 몫이어서, 여성은 샛강이나 우물을 오며 가며 치성을 드리기도 했다.

마을 앞의 들목에도 당연히 마을 지킴이가 자리 잡고 있었다. 마을로 들어서는 초입엔 나무나 돌로 깎아서 만든 신상神像이 버티고 있거나, 혹은 솟대가 높이 치솟아 있곤 했다. 이것들은 물론 모두 마을의 무사안위를 기원하는 의미에서 모셔졌다.

마을의 짜임새로 보거나 혹은 마을을 둘러싸고 섬겨진 신성한 것을 보더라도 옛 시골 마을은 여간 거룩한 공간이 아니었다. 어느 곳에서나 신을 섬겼던 성역이 다름 아닌 마을이었다. 그러나 이제 성역으로서의 마을은 사라지고 없다. 그저 아파트를 통과할 때 지나는 경비실과 차량을 통제하는 차단기 또는 CCTV가 도처에 설치되어 있을 뿐, 신이 거처할 만한 곳은 눈을 씻고 찾아도 찾을 수 없다.

향약鄕約

조선 시대 이후 근세에 이르도록 우리의 향촌鄕村에는, 그러니까 각 고을에는 그 지역 주민으로 구성된 지방자치 조직 또는 기구가 있었다. 그 대표적인 것이 바로 '향약鄕約'이다. 문자 그대로 '향리 또는 향촌의 규약'인데, 옛 문서에서도 '약조約條'라고 규정하고 있다.

향약은 고을 안의 사람들이 경우에 따라서 해야 할 일과 하지 못할 일 등을 여러 가지로 규정짓고 있다. 그것은 향리의 주민들이 반드시 지키고 실천해야 할 일과 삼가고 피해야 할 일 등을 일일이 규정해놓은 것이다. 요컨 대 '지역 자치를 위한 각종 법률 조문 또는 규약'이라고 해도 큰 잘못은 없 을 것 같다. 마을의 헌법이라고 해도 괜찮을 것이다.

한데 지방자치의 규약이면서도 조직이기도 했던 향약을 주도한 것은 주 로 양반과 각 고을의 지주였다. 그런 한편으로 고을 행정조직의 장長인 관 헌, 예컨대 원이나 수령守令에 의해 주도되기도 했다. 그러니 양반 지주와 수령 사이에는 향약을 위한 일정한 협력 체계가 이룩되어 있었다. 물론 그 렇다고 해서 양반 지주 위주의 향약이 관헌에 의해서 전적으로 좌지우지된 것은 아니었다.

양반 지주가 스스로 그들의 윤리적인 행동 규범을 정하고 지키고 실행하

예전에는 향약이라고 하는 향촌의 규약이 있 었으나, 우리 시대의 농촌 규약에는 대부분 경제와 관련된 것이 남았을 뿐, 윤리와는 무 관한 것이 되어버렸다.

는 한편으로, 소작 농민을 관장해서는 그들을 다스리고자 한 것이 바로 향약이었다. 지주 양반 스스로도 지킨 유교적인 윤리며 이념이며 가치관을 소작 농민 역시 따르게 했던 것이다. 그러니까 크게는 윤리 규약이라고 보아도 괜찮을 만했다. 아무튼 향약은 평민층에 영향을 끼침으로써 농업 생산의 구조에도 큰 작용을 끼쳤다. 향약이 지주인 양반에 의해서 소작인을 상대로도 자연스레 시행되었기 때문이다.

약조, 곧 향약에서 규정하고 있는 조문은 인간 행동과 윤리의 거의 모든 면을 다루고 있는데, 그 조항이 매우 다양했다. 가령 '덕업상권德業相勸'이란 조항을 보면, 덕과 업으로서 사람들이 지켜야 할 덕목이 나열되어 있다. 이 경우 덕德은 덕행德行이란 뜻으로 사람으로서 지킬 도리를 의미하고, 업業은 행업行業이라고 해서 품행品行을 의미한다. 한데 덕으로는 '착함을 보면 반드시 실행한다' '허물을 들으면 반드시 고친다' '능히 그 몸을 다스린다' '능히 그 집을 다스린다' '능히 아버지와 형을 섬긴다' '능히 자제를 가르친다' 등등이 나열되어 있다. 그런가 하면 업으로는 '집에 있으면 아버지와 형을 섬긴다' '자식을 가르친다' '처나 첩을 다스린다' '밖에 나가면 어른을 섬긴다' '친구를 대접한다' '후생들을 가르친다' 등등이 열거되어 있다.

공동체가 사라져가고 있는 오늘날, 우리는 향약에서 느끼는 바가 많을 것이다. 우리 시대 농촌에 자치 기구가 남아 있다고 해도 그것은 주로 경제와 관련된 것이지, 윤리와는 전적으로 무관한 것이기 때문이다. 오늘날의 규약이란 대체로 인품이며 인격과도 별 상관이 없다. 윤리와 도덕이 지켜져야 공동체와 사회가 온전할 수 있다는 교훈을 향약에서 배워보면 어떨까.

계契

향약은 향리의 양반과 선비가 그들 자신의 인품이며 윤리를 닦고 지키고 하는 한편, 농민이나 평민의 권리며 이익도 어느 정도 보장함으로써 공동체 전체가 잘 꾸려져나가는 데에 그 목적을 두고 있었다. 물론 부작용도 없지 않았지만, 향약은 그런 긍정적인 면을 통해 향리의 윤리 공동체를 가능케 하는 한편 경제 공동체 또한 이룩한 셈이다.

그런데 각 지역의 향리에는 향약 말고 '계契'라는 조직도 이루어져 있었다. 이 계는 향촌의 같은 지역 주민이 꾸민, 협동 조직이라고 해도 좋을 것이다. 하기는 '향약계鄕約契'라는 말이 있었던 것으로 보아서는 향약과 계가 엄밀히 구별되지 않은 듯하다.

우선 한 마을 또는 한 고을 안의 다수의 구성원으로 계원이 조직된다. 이들은 같은 목적으로 일정한 액수의 돈이나 곡식 또는 피륙 등을 일정한 날에 내놓는다. 이렇게 추렴된 재산을 계에서 잘 활용해 증식시킨다. 말하자면 자산을 불리는 것이다. 계원은 일정한 시간이 지난 뒤에 그 자산을 나누어 가짐으로써 각자의 이득을 누리게 된다.

계에는 그 종류도 여러 가지가 있었다. 종친의 '종계宗契'가 있었고, 혼인 비용을 대는 '혼인계婚姻契'도 있었다. 한 동리 안의 '동계洞契'가 있는가 하면, 지역 안의 주민이 서로 친목을 도모하는 것을 목적으로 삼은 '목린계睦隣契' 라는 것도 있었다. 그런가 하면 특수한 것으로는 '약국계藥局契'가 있었는데, 이는 향리 안의 환자를 위해서 주민이 공동으로 돈을 추렴해서는 약국이나 의원醫院을 경영했던 것이다.

한데 지역에 따라서는 같은 향리 안의 주민 전부를 계원으로 삼기도 했지만, 내부적인 차별 또는 구별도 있었다. 그 신분이며 자산의 차이를 물어서 계원을 나눴던 것이다. 예컨대 강원도 명주군 성산면에서 운영한 목린계는 주민의 신분을 세 등급으로 나누어 상계上契, 중계中契, 하계下契로 계를 꾸렸다.

이런 향리의 전통적인 계는 해방 후 한때 도시에서 성행된 부인네의 계로 이어지기도 했지만, 계의 본고장이던 향리에서는 차츰 기울어 이제는 그 자취를 찾기가 어렵게 되고 말았다. 하지만 향약과 계의 구실이며 그 의미는 쉽게 잊지 말아야 할 것이다. 그것은 오늘날 지방자치의 선구로서, 우리에게 은근히 일깨워주는 대목이 적지 않기 때문이다.

초가삼간草家三間 에 복이 있으니

지나간 시절엔 집의 가지 수도 무척 많았다. 지붕에 따라서, 벽에 따라서, 그리고 구조에 따라서 각기 다른 이름이 붙어 있었다. 기와집, 띠집, 투막집(귀틀집, 방틀집), 너와집, 초가집, 오두막집(오막, 막집) 등등…… 이게 모두 집의 명칭들이었다.

기와로 지붕을 이은 집이 기와집인데, 이건 으레 크고 우람했다. 초가는 띠나 볏짚 따위의 풀로 지붕을 이은 집이다. 초가 중에 좀 특이한 것으로는 대마의 껍질로 지붕을 이은 것도 있었다. 또 나무 널판자로 지붕을 이은 집은 너와집이다. 그 널판자는 굵은 소나무를 도끼로 자르고 쪼개고 해서 만들었다. 돌조각을 지붕에 올린 집은 청석집이라 했고, 굵은 통나무를 우물 정井 자 모양으로 맞추어서 벽을 쌓아 올린 집은 투막집이다. 이 투막집은 귀틀집이나 방틀집이라고도 불렀다. 아주 작고 초라한 집은 뭐든 통틀어서 오두막집, 오막이나 두옥斗屋이라고도 했다.

한데 위에서 언급된 집은 이제 지역에 따라 그 일부가 문화재나 기념물로 지정된 것 말고는 현지에서 사라지고 없다. 그야말로 모두 옛집이 된 것이다.

이들 여러 집 가운데서도 가장 귀에 익은 집은 누가 뭐래도 초가집 또는 초가삼간일 것이다. 다르게는 '초옥'이라거나 '삼간초가'라고도 불렀다.

실버들 늘어진 언덕 위에 집을 짓고
정든 님과 둘이 살짝 살아가는 초가삼간

이 가사는 최정자 님이 노래로 읊은, 바로 그 「초가삼간」이다. 초가삼간을 노래한 것은 이로 그치지 않는다.

달아 달아 밝은 달아 이태백이 놀던 달아
저기 저기 저 달 속에 계수나무 박혔으니
옥도끼로 찍어내어 금도끼로 다듬어서
초가삼간 집을 짓고 양친 부모 모셔다가
천년만년 살고 지고 천년만년 살고 지고

이렇게 초가삼간은 정겨운 이미지로 민요 「달아 달아 밝은 달아」로도 남아 있다. 길고 동그마한 지붕, 그 부드러운 선은 꼭 뭔가를 안거나 품고 있는 모양이다. 어머니가 아기를 감싸서 다독대는 시늉이랄까…… 식구들이

초가삼간의 길고 동그마한 지붕은 뭔가를 안거나 품은 모양이다.
그것은 우리 한국인의 마음의 둥지요 보금자리였다.

안기듯, 또는 몸을 맡기고 품기듯 마음 의지하는 모양새를 하고 있는 삼간
초가! 그것은 우리 한국인의 마음의 둥지요 보금자리였다. 그러니 세 칸짜
리 초가집에서 무릇 집이 갖추어야 할 기본적인 자세를 보게 된다면 이는
빗나가거나 과장된 생각일까.

초가삼간, 그 안에는

평민들이 사는 민촌에는 으레 볏짚으로 지붕을 이은 초옥, 그러니까 초
가집이 많았다. 마을 전체에 걸쳐서 그만그만한 크기의 초옥이 옹기종기 모
인, 우리의 전통적인 마을 모습은 초가 마을이었다.

흙을 쌓아 올린 야트막한 토담이나 작은 돌로 쌓아 올린 돌담이나 죽담이
굽이진다. 그런가 하면 풀이나 나무 따위를 엮어서 만든 얕은 울타리가 휘
돌아 나가고 있다. 생 울타리도 끼어 있다. 마주 보고 있는 담이나 울의 사
이로는 고즈넉이 고샅이 나 있다. 야트막하게 울이나 담을 끼고 서로 마주
보고 있는 두 집끼리는 아예 사이를 터놓고 있는 것이나 마찬가지다. 그건
고샅을 지나가는 사람에게도 다를 바 없다.

그런 고샅을 사이에 두고 초가가 줄지어 있기도 하고 서로 어깨를 맞대고
늘어서 있기도 한다. 멀리 높은 곳에서 내다보면, 두루두루 한 덩치로 몰려
있는 것처럼 보일 것이다. 아니 올망졸망, 서로 붙안고 있는 것처럼 보일 것
이다. 집끼리, 집안끼리, 너와 내가 없고 우리와 남이 따로 있을 성싶지 않
다. 모두가 한 동아리로, 그저 우리일 뿐이다. 그래서 초가가 함초롬히 무리
지어 있는 마을은 우리들의 고향이 된다. 거기서 태어났든, 안 태어났든 간

에 우리 정신의, 그리고 정서의 안태 고향이 된다.

이런 것은 초가 마을이라야 가능하다. 커다란 기와집들이 서로 어깨를 겨누고 서로 힘자랑을 해 가지고는 어림도 없다. 그래서도 초가 마을에는 우리들의 향수가 어린다. 초가삼간 자체도 마찬가지다.

초가삼간草家三間이나 삼간초가三間草家, 그리고 삼간초옥三間草屋이란 말은 비슷한 의미로 쓰인다. '세 칸밖에 안 되는 초가'라는 뜻으로, 아주 작은 집을 이르는 말'이다. 이때의 한 칸이란 기둥 네 개로 이뤄지는 가장 기본적인 공간을 지칭한다. 비슷한 의미인 '칸살'을 사전에서는 '집의 도리 네 개로 둘러막은 면적'이라 풀이하고 있으니 그저 건물 안의 네모 난 일정한 넓이의 공간을 떠올리면 그나마 '간'이나 '칸', 그리고 '칸살'을 이해하게 될 듯하다.

아무튼 삼간초옥은 공간이 셋인 초가집을 뜻한다. 도합 세 칸으로 이루어진 초가집이다. 한데 세 칸은 다시 세 가지로 구성된다. 방 한 칸, 부엌 한 칸, 그리고 헛간(또는 곳간) 한 칸이 바로 그것이다. 그러니 아주 기본적인 가옥의 양식이라 보아도 좋을 것 같다. 또는 방 두 칸에 부엌 한 칸 해서 삼간을 꾸미기도 했다. 역시 작은 규모의 삼간이다.

이에 비해 방이 세 칸으로 된 삼간도 있었는데, 이 경우는 다른 두 가지에 비해서는 집채가 커진 형태라 볼 수 있다. 이와 같은 초가삼간으로는 가령 전라남도 해안 지대의 '마루방-안방-건넛방'의 보기를 들 수가 있다. 그 세 칸의 방이 툇마루를 끼고는 외줄로 나란히 배치되어 있다. 이럴 경우, 부엌간은 별도로 꾸며야 한다.

하고많은 초가집

한데 초가삼간은 꼭 세 칸짜리 초가집만을 이르는 게 아니다. 오두막집 또는 오막까지 포함해서 각종 풀로 지붕을 이은 작은 집은 통틀어서 초가삼간 또는 삼간초가라고 불렀다. 물론 모든 초가가 삼간인 것은 아니다. 한 일― 자로 늘어져 세 칸을 이루고 있는 것 역시 아니다. 네 칸도 있고 다섯 칸도 있다. 그러자니 한 일― 자로만 꾸밀 수 있는 게 아니다. 집채의 모양이 'ㄱ' 자나 'ㄴ' 자를 이루고 있는 것도 있고, 'ㄷ' 자를 이루고 있는 것도 있었다. 이들은 대개 규모가 비교적 큰 초가집이지만, 아주 커지면 'ㅁ' 자로 된 초가집 유형을 띠게 된다. 어떤 경우엔 한쪽 귀가 열린 가방 모양의 'ㅁ' 자가 있는가 하면, 사방이 꽉 막힌 밀폐형의 'ㅁ' 자도 있었다.

'ㄱ'이나 'ㄴ' 자의 경우는 사람이 한 팔을 벌리고 누군가를 감싸 안고 있는 듯한 풍모가 느껴진다. 그만큼 뜰 안과 집 안 전체의 느낌이 아늑하다. 이에 비해 'ㄷ' 자의 초가집은 사람이 두 팔을 다 벌리고 누군가를 감싸 안고 있는 것 같은 느낌을 주게 되어 한결 더 아늑한 기분이 든다.

하지만 'ㅁ' 자 집은 별다르다. 사람이 누군가를 두 팔뿐 아니라, 온 가슴과 온 품으로 보듬고 있는 인상을 풍긴다. 온 뜰 안이 포근하게 감싸인 듯 은근하고 다소곳한 공간이 된다. 그래서는 한 집안의 사생활이 온전하게 보장되는 듯한 인상도 받게 될 것이다.

이렇듯 'ㄱ' 자, 'ㄴ' 자, 'ㄷ' 자, 그리고 'ㅁ' 자 모양의 집채는 한국의 전통적인 주택이 갖는 고유한 특색을 지니고 있다. 어쩌면 이들은 집이 근본적으로 갖추고 있어야 할 어떤 특별한 개성에 대해 말해주고 있는 것 같

ㄱ 자로 지어진 초가삼간. 얼싸 안고 감싸 안는
풍모를 보여준다. 보듬어서 안고 다독대면서 품
는 품이 곧 집의 원형임을 일러주는 듯하다.

다. 그건 다름 아니라, 집이란 본질적으로 얼싸안는 것, 또는 감싸 안는 것
이라는 의미를 드러내고 있을 것 같다. 한국의 전형적인 초가집 앞에 서면
절로 그런 생각이 인다. 보듬어서 안고 다독대면서 품는 품이 곧 집의 원형
임을 일러주는 듯하다. 그래서 집과 어머니의 모성이 근본적으로 통해 있다
는 것에 대해서도 일러주고 있는 게 아닌지 모르겠다.

하지만 이제 초가삼간이 사라지고, 덩달아 그런 마을이 기울고 있다.
'ㄱ'자, 'ㄴ'자, 'ㄷ'자, 그리고 'ㅁ'자로 다양하던 초가집도 더는 눈에
들지 않는다. 우리의 오랜 둥지, 우리의 묵은 보금자리가 사라지고, 드디어
는 우리들 누구나 가졌던 마음의 품이 지워지고 말았다.

집안 식구들 돌아보면서

식구 또는 식솔.
우리는 가족을 그렇게 일컬어왔다.
할아버지, 아버지, 아들의 삼대.
아니면 증조할아버지부터의 사대.
모두 모두 한 집안으로 한데 어울렸던 것.
서로 품고 서로 껴안고
다 함께 살아들 왔다.
한솥밥 먹으면서 살아들 왔다.

할머니 무릎

오늘날의 이른바 '핵가족' 식구는 보통 셋이다. 아버지, 어머니, 그리고 아이, 그렇게 가족이 구성된다. 간혹 아이가 많아 네댓 명이 한 가족을 이루기도 하지만, 셋으로 이루어진 가정보다는 도리어 적은 편이다.

식구는 한자로 '食口'라고 쓴다. 글자 그대로는 '먹는 입'이 식구다. '한 집안에서 함께 식사를 하는 사람'을 식구라고 칭하니, 어떤 집안의 '상주인구'라고 생각해도 괜찮을 것 같다.

식구는 '식솔食率' 또는 '가솔家率'이라고도 했다. 솔率은 '그느를 솔'이라고 읽는데, 그래서 식솔이나 가솔이란 말은 문자 그대로 집안의 제일 큰어른이 그느르고 있는 모든 사람을 일컫는 말이다.

가부장제였던 우리 전통 사회에선 식구나 식솔이라면 아버지 쪽 핏줄을 이어받은 구성원과 그 배우자로 이루어지는 게 보편적이었다. 그렇게 한 핏줄을 이어받아 다 함께 끼니를 나누어 먹는 사람들, 그게 식구요 가족이다.

지나간 시절에는 보통 3대나 4대가 함께 모여 사는 '대가족'이 흔했다. 보통은 할아버지 할머니, 아버지 어머니, 그리고 아이들로 구성된 3대였지만, 증조할아버지 증조할머니가 보태어진 4대도 드물지는 않았다.

한 집안 식구가 3대로 되어 있을 때, 집안의 제일 큰어른은 당연히 할아버지와 할머니였다. 나머지 식구는 아침저녁으로 큰어른께 문안 인사를 드리면서 공경해 마지않았다. 그중에도 가족 사이에서 할머니가 갖는 구실이며 비중은 대단했다. '안방마님'의 자리를 누린 셈이다. 한 집안의 가장 큰 안주인이면서, 곳간 열쇠를 거머쥔 사람 역시 으레 할머니였다.

그러나 그렇게 권위가 넘친 안방마님도 손자에게는 자상하고 정겹기가 이를 데 없었다. 집안일에 쫓기는 어머니가 미처 베풀지 못하는 관심과 사랑을 할머니가 채워주고 챙겨주었던 것이다. 어느 가정이나 아이들 다독거리기로는 할머니의 사랑이 어머니의 몫을 훨씬 웃돌았다. 할머니 정 다르고 어머니 정이 다르기도 했지만, 부드럽고 다사롭기로는 아무래도 할머니의 정이 앞섰던 것 같다. 그래서도 손자 손녀의 눈에는 할머니 얼굴의 주름살도 꽃무늬로 보였던 것이다.

'내리사랑'이란 가족 간의 사랑이 위의 어른에게서 아래 아이에게로 베풀어진다는 것을 의미하는데, 그럴 때 할머니의 '내리사랑'은 가장 윗자리를 차지하게 마련이었다. 그래서도 할머니의 사랑은 간절하고 알뜰살뜰한 것이 된다. 할머니의 손자 손녀에 대한 사랑이 한 집안에서 가장 큰 사랑이었던 것이다.

물론 그중에도 장손長孫, 곧 큰손자(맏손자)에 대한 할머니의 사랑은 각

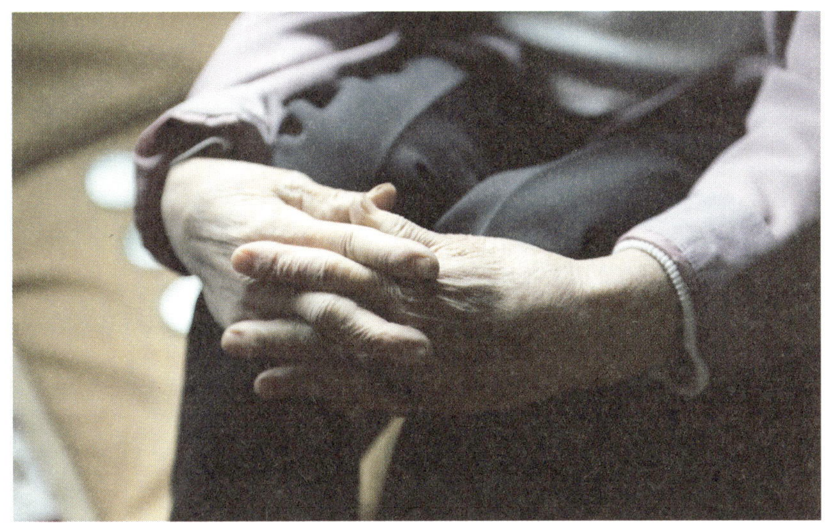

할머니의 무릎은 예사 무릎이 아니다. 뜨거운 정과 아기자기한 사랑의 터전으로서, 때론 품보다 더 정겨운 것이기도 했다.

별했다. 맏손자라면 여간 애지중지한 게 아니다.

할머니 하면 우선 떠오르는 것이 다사로운 그 품이겠지만, 무릎도 이에 뒤지지는 않을 것이다. 할머니의 무릎! 그것은 예사 무릎이 아니다. 뜨거운 정과 아기자기한 사랑의 터전이 된다. 그것은 때로 품보다 더 정겨운 것이기도 했다.

초저녁, 맏손자가 졸라서 할머니는 오늘 밤에도 또 옛날얘기를 풀어놓는다.

"옛날, 옛날, 그 옛날에⋯⋯"

그러면서 할머니는 손자의 머리를 자신의 무릎에 얹는다. 손자 녀석은 그 무릎을 베고는 팔과 다리를 쭉 뻗는다. 할머니 무릎베개는 왜 그리도 폭

신하고 따뜻한 걸까? 이전에도 여러 번 들었던 얘기, 줄거리가 빤한 그 얘기에 빠져들다 보면 손자의 눈꺼풀은 시나브로 무거워져간다. 그리고 어느새 새록새록 꿈속으로 빠져들게 된다.

이윽고 할머니는 감긴 손자의 눈을 살핀 뒤에 그 작은 머리를 무릎에서 내려 베개를 받쳐준다. 그러곤 폭신한 이부자리로 옮겨 눕힌다.

이런 할머니의 무릎을 누리고 있는 손자가 요즘 세상에 몇이나 될까?

할머니 손, 약손

할머니가 모처럼 기운을 차리고는 뜰을 나선다. 손자 녀석이나 손녀딸의 손을 잡고는 바깥나들이를 한다. 어린것은 할머니 손길에 이끌려 종종걸음을 친다. 그래서 절로 흥겨워진 할머니, 그 얼굴에 웃음꽃이 핀다. 덩달아서 신바람 난 꼬맹이가 흔들어대는 손을 따라 할머니의 손길도 나풀댄다. 주름진 손길이 한결 가볍다.

할머니의 손길은 다사롭고도 정겹다. 어린것의 머리를 쓰다듬을 때, 그 어깨를 감쌀 때, 할머니의 손길은 더 한층 정겨워진다. 그런 할머니 손길이 더 한층 보람되게 구실하는 때가 있다.

"할머니, 배 아파!"

꼬맹이가 방바닥에 배를 깔고는 뒹군다. 이제 막 밥을 먹더니 체한 것일까? 아니면 기생충이 생겼거나, 다른 탈이 난 건 아닐까?

"이리 와! 바로 누워보거라."

할머니가 잡아끄는 대로 무릎 앞에 눕고는 꼬맹이는 더 한층 보챈다. 할

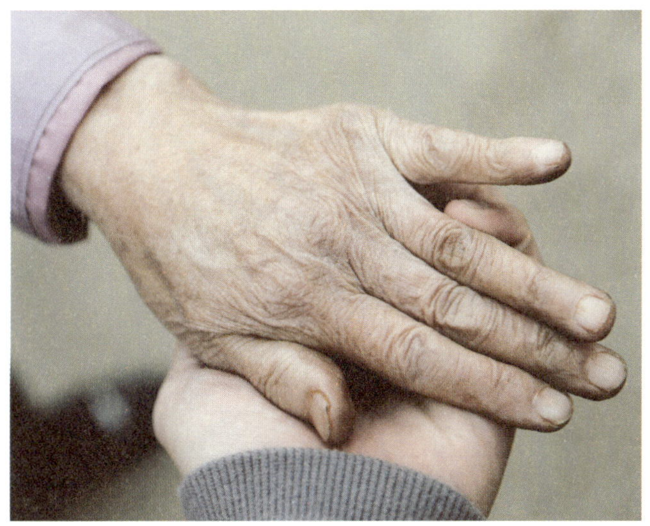

누구 손이나 약손이 되었던 것은 아니다. 어린것들
을 위한 할머니의 손, 그 주름진 손만이 제대로 된
약손이었다.

머니는 꼬맹이의 웃옷을 걷어 올리고는 배를 드러낸다.

‘호, 호!’

주름진 손에 입김을 쐰다. 그대로 손을 댔다가는 꼬마 녀석의 뱃가죽이 시릴까 봐서다. 몇 번 그러고 나서 손이 따뜻해지면 끙끙대고 있는 녀석의 배로 손을 가져간다.

“내 손이 약손이다! 내 손이 약손이다!”

그러면서 배를 매만진다.

“체한 배를 내리자! 체한 배를 내리자!”

약손이 꼬맹이의 배 위에서 빙글빙글 맴돌이를 친다. 더러는 위에서 아래로 쓸어내리기도 한다. 한데 그게 바로 좋은 약이 된다. 얼마 지나지 않아 할머니 약손의 효과가 실제로 나타나니 말이다.

‘약손’이란 말, 그건 누가 만들어낸 걸까? 손이 약이 되다니…… 참 절묘한 말이다. 하지만 누구 손이나 약손이 되었던 것은 아니다. 오로지 어린 것들을 위한 할머니의 손, 그 주름진 손만이 제대로 된 약손이었다.

허나 오늘날의 꼬맹이들에게 그런 약손이 남아 있을까? 약손이 사라진 시대에 어린것들이 배탈이라도 나면, 어떻게 할 것인가? 그저 병원으로, 아니면 약국으로 달려갈 테지만, 거긴 가봐야 약은 있어도 약손은 없다.

할머니 담뱃대

핵가족화 된 요즘 시대엔 그저 부자지간이거나 모자지간뿐이지만 몇 세대 전만 해도 한 집안의 어른과 아이를 일컫는 말에 ‘조손祖孫’이 있었다. 할아버지 할머니와 손자 손녀가 조손지간이다.

농촌의 웬만한 집 안에는 으레 바깥채와 안채가 따로 있었는데, 할아버지는 대개 바깥채 또는 사랑채에 눌러 계셨다. 대문을 들어서면 우선 눈에 띄는 곳이 바깥채고, 대문 들어서서 중문 안에 들면 거기에 안채가 있었다. 바깥채는 바깥어른, 곧 남자 어른의 몫이었고, 안채는 안어른, 곧 여성 어른의 몫이었다. 그렇게 집 안의 공간으로도 남녀는 따로 구분되어 있었다.

사랑채의 주인은 할아버지였고, 안채나 안방의 주인은 할머니였다. 이따금 바깥나들이 나가는 것 말고는 할아버지는 거의 사랑채에 묵어 계셨다. 낮 동안은 책 읽는 시간이 가장 길었고, 이따금 손님이 찾아들면 그를 맞아서 대접하는 곳도 역시 사랑채였다.

이럴 때나 저럴 때나 할아버지는 연초煙草, 곧 담배 태우기를 즐기셨다. 그러자니, 주무시는 동안을 빼면 할아버지는 대개가 골초였다. 사랑채에서는 할아버지 담뱃대 터는 소리가 끊이지 않았는데, 이런 사정은 안채의 할머니도 비슷했다.

몇 모금 담배 연기를 깊게 들이켜고 나서 내뱉으면 코와 입으로 뿌연 담배 연기가 토해지곤 했다. 흰 수염에 엉긴 연기가 주름진 얼굴을 가리고 들면, 큰 소리로 기침을 토하기도 했다.

'콜록, 콜록!' 기침 소리에 곁들여서는, '토닥토닥!' 담뱃대 터는 소리가 울려 퍼지곤 했다. 온 뜰 안에까지 그 소리가 메아리치곤 했다.

할아버지의 담뱃대는 별스럽게 길었다. 거의 어른 팔뚝만 한 길이였다. 타다 남은 연초가 담긴 쇠꼭지를 나무 재떨이에다 대고 두들기곤 했는데, 그것도 담배 태우는 멋 중 하나였다. 그렇게 '콜록' 소리와 '토닥토닥' 소리의 울림을 따라서 할아버지의 심기와 건강 같은 것이 느껴지곤 했다. 무겁고도 여유롭게 울리면 할아버지의 권위가 느껴졌고, 야박하고 초라하게 울리면 무슨 근심에라도 시달리는 양해서 가족의 마음도 스산해지곤 했던 것이다.

그런데 할아버지의 담뱃대 소리와 짝을 맞춘 또 다른 담뱃대 소리가 있었다. 그건 물론 할머니의 것이다. 안채나 안방에서 할머니도 곧잘 담배를 태웠다. 옛날엔 대개 그랬다. 크게 울리면 할아버지의 담뱃대 소리고, 작게 울리면 할머니의 것이었다. 그래서 큰 기침 소리와 어울린 할아버지의 담뱃대 소리가 굵은 바리톤baritone이라면 할머니의 얕은 숨결과 어울린 담뱃대 소리는 잔잔한 알토alto이기도 했다.

물론 할아버지가 기거하는 사랑채며 바깥채와 할머니가 기거하는 안채며 안방이 좀 떨어져 있었으므로, 담뱃대 소리는 조금은 떨어진 상거를 두고 서로 합창하듯 들려오곤 했다. 다 같이 장죽, 곧 긴 담뱃대로 담배를 태우는 게 보통이었지만 어쩌다 단죽, 곧 짧은 담뱃대인 곰방대를 쓰기도 했으므로 어떤 날은 화음이 잘도 맞았다.

할머니는, 노년이면 누구나 그렇듯 잠을 설치기 마련이어서, 초저녁에 설핏 잠이 들었다가도 한밤중이면 잠을 깨곤 했다. 엎치락뒤치락 하다가 못해서 일어나 앉는다. 밤은 기나길고 지겹다. 그 느낌을 물리기 위해서도 할머니는 소곤소곤 군소리를, 그러니까 혼잣말을 한다. 그러다가는 담뱃대에 불을 붙이고 연거푸 몇 모금을 빤다. 담배 연기는 내뿜는 한숨과 이내 얽히고, 그러다가 담뱃불이 다 삭으면 담뱃대를 턴다.

한데 그런 얕게 토닥대던 소리가 끊긴 지 이미 오래다. 까마득한 옛날의 소리일 뿐. 밤이 짙어가도 이젠 그런 소리가 들리지 않는다. 아무리 귀를 기울여도 아파트 숲 사이로 들리는 것은 자동차의 굉음 소리뿐이다.

엄마 바느질

착한 아기 잠 잘 자는

베갯머리에

어머님이 혼자 앉아

꿰매는 바지,

꿰매어도, 꿰매어도,

밤은 안 깊어

—주현찬, 「가을 밤」 중에서

누구의 바지일까? 아버지의 것이 아니라면 아이의 것, 또는 다른 식구의 것일까? 아니다. 어김없이 그 집 막내둥이의 것이다. 그나마 열 살은 더 넘었을 사내아이의 것이다. 장난치고 놀다가 바지의 실밥이 터진 게 틀림없다. 어쩌면 찢겨서 벌름대고 있을지도 모를 바지다. 하지만 그건 내일 아침이면 다시 입혀야 한다. 단벌뿐인 그걸 입어야 꼬맹이는 학교에 갈 수 있다.

그래서는 엄마는 졸음을 참아가며 바지를 꿰매고 있는 것이리라. 하지만 늦은 밤, 등잔불을 받쳐놓고 하는 바느질로는 눈이 절로 감긴다. 그만 꾸벅꾸벅 졸다가 바늘에 손가락이 찔리고야 만다. 졸음은 금세 달아난다. 그러고 나면 손가락이 한결 날렵해진다. 골무 낀 검지에도 힘이 실린다. 얼마나 더 기워야 마무리가 지어질까? 밤은 점점 더 깊어간다. 먼 데서 소쩍새 울음이 설레고 있다.

이런 게 엄마의 바느질이다. 아이의 찢어진 바지만 가지고 바느질하는 것은 아니다. 가족의 모든 입을 거리는 말할 것도 없이 엄마의 바느질로 해

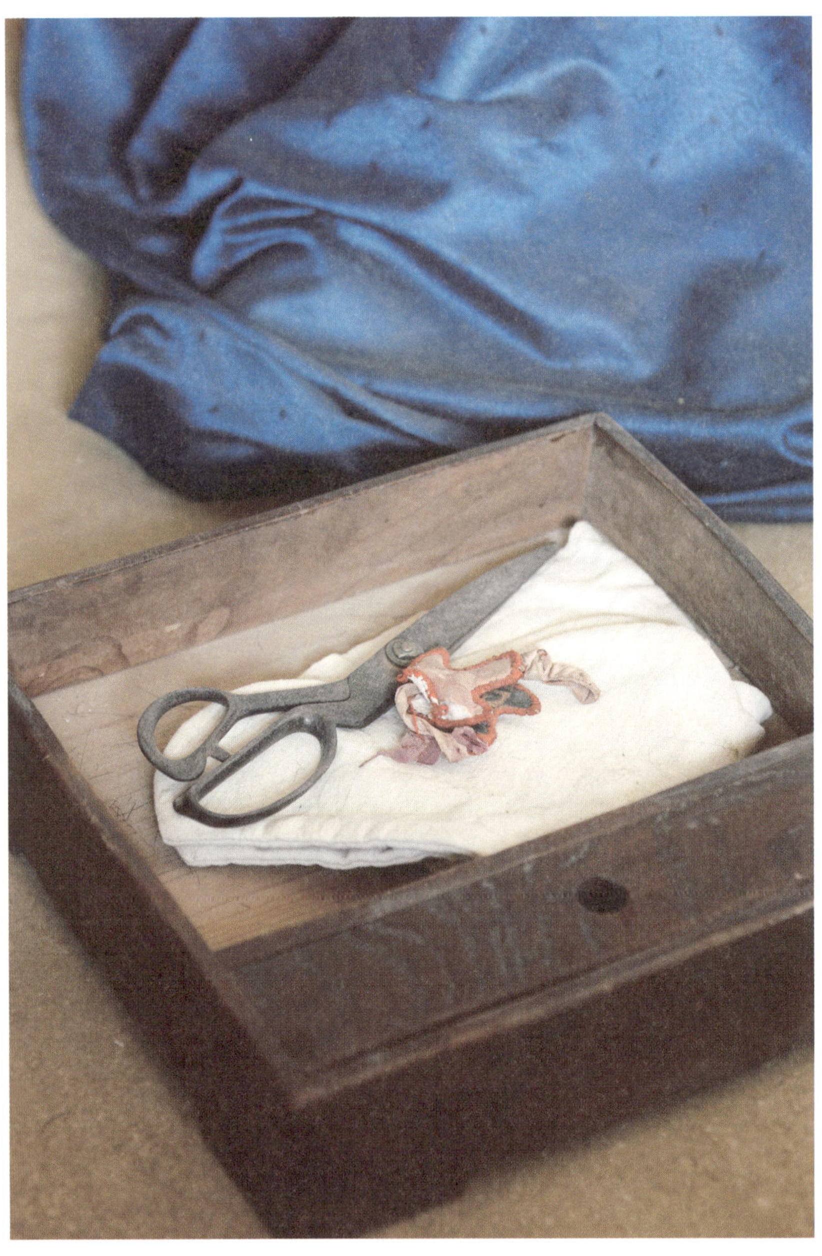

엄마에게 바늘과 실과 골무뿐만 아니라 바늘겨레, 바늘꽂이 등을 넣어두는 반짇고리
는 보물 상자와 다를 바 없었다.

서 생긴 것이니까. 그래서도 몇 세대 전까지만 해도 어느 집이고 엄마들은 일류 재봉사였다. 요와 이불도 모두 엄마가 바느질해서 지었으니, 온 식구가 입고 덮고 깔고 하는 것은 모두 엄마의 바느질 솜씨로 태어난 것이었다.

더러는 집안이 가난해서 남의 집 바느질감을 두고 바느질품을 파는, 그래서 바느질삯을 벌어서 살림에 보태는 엄마도 있었다. 엄마에게 바느질감은 스스로 감당해야 할, 온갖 일거리 중에서도 가장 큰 일거리가 아닐 수 없었다. 해서 엄마에게 바늘과 실과 골무뿐만 아니라 바늘겨레, 바늘꽂이 등을 넣어두는 반짇고리는 보물 상자와 다를 바 없었다.

반짇고리를 옆에 두고 뭔가를 바느질하고 있는 그리운 엄마의 모습! 지금은 그런 모습이 다 어디로 사라진 걸까?

하고많던 그 일가붙이들, 친인척들

일가친척의 '일가'는 한자로 '一家'라고 쓴다. 문자 그대로는 '한집안'을 가리키지만, 그나마 부계 쪽을 가리키는 '친족'이기 쉽다. 반면 '친척親戚'을 통틀어서 넓게 가리키는 경우에는 친가의 친족과 외가의 식구, 곧 '외척外戚'을 모두 가리킨다. 외척은 어머니 쪽의 핏줄을 함께 나누어 가진 사람들을 지칭한다.

우리말의 일가라고 하면 좁게는 위에서 말한 대로 아버지 쪽의 핏줄을 이어받은 사람들을 가리키지만, 넓게는 외척과 인척도 포함되었다. '인척姻戚'이라고 하면 혼인婚姻으로 관계가 맺어진 사람들, 즉 처가 쪽 집안 식구를 말한다.

넓은 뜻으로는 친인척이 모두 일가붙이다. 친인척을 통틀어 ‘삼족三族’이라고 했는데, 조선 시대에 소위 역적으로 몰리면 그 죄를 물어 삼족이 멸문을 당하기도 했다. ‘삼족을 멸한다’고 하면 그야말로 씨를 말리는 일이 되었다.

하지만 친척이란 말이 친가와 외가의 일족을 가리키듯이, 친가와 외가의 일가붙이가 더 중요시되었다. 그렇다고 해서 친척이 만만했던 것은 결코 아니다. 가령, 가장 좁은 뜻의 일가인 친족만 따져보아도 여간 복잡한 게 아니다. 아버지의 친형제인 삼촌, 곧 숙부는 옛날에는 한 가옥, 한 집 안에서 어울려 살곤 했다. 물론 숙부의 아내인 숙모도 그랬다. 그러다 보니 사촌 형제끼리도 한 울타리 안에서 함께 사는 경우가 많았다. 그뿐만 아니다. 아버지의 여자 형제인 고모도 시집가기 전까지는 역시 함께 살았다. 고모가 시집가게 되면 남편을 고모부 또는 고숙이라 불렀고, 고모가 낳은 아이는 고종사촌이라 부르며 자주 왕래를 하곤 했다.

또한 외가로는 어머니의 남자 형제인 외숙부와 여자 형제인 이모가 있었다. 외숙의 아내는 외숙모라고 불렀다. 이모가 시집가면 남편을 이숙 또는 이모부라고 했으며, 아이는 이종 사촌이라고 했다. 물론 외사촌 형제와도 너나들이를 하는 관계였다.

숙부 숙모, 외숙부 외숙모, 고모 고모부, 이모 이모부 등, 그리고 그들의 아이인 사촌 형제까지…… 이들은 넓은 뜻의 일가 중에서도 가장 가까운 사이였다. 그렇게 다들 어울려서 살았다. 서로 정을 주고받고, 돕고 도움 받고 하면서 살아들 갔다. 집안에 경사가 나거나 혹은 초상이 나면 그 모든 일가붙이가 무리지어서 어울렸다.

한데 이제는 그게 달라지고 말았다. 대개가 한 가정에 외동아들 아니면 외동딸만 있게 마련이니 그들이 자라 결혼을 해서 아이를 낳아도 그 아이에게는 숙부 숙모도 외숙부 외숙모도 고모도 이모도 없게 마련이다. 이쯤이면 옛날로 치면 고아나 마찬가지다. 바야흐로 우리는 다들 그렇게 외톨이가 되어가고 있는 것이다.

이런 일 저런 일

세상살이는 별의별 일하기.
인생살이는 온갖 일하기.
인생은 일이고 일이고 또 일이다.
이런 일, 저런 일.
고운 일, 궂은 일.
쉬운 일, 난감한 일.

가림 없이 찾아드는 것,
마중하고 치르고 다스리고
하면서 사람들은 살아간다.

장가들고 시집가는 것은
인생살이 중에서도 아주 큰일!
그래서는 경사 나고 길사 나서
삶은 축복을 받는다.

장가들고 시집가기 전에도 하는 일이 있었으니,
그것은 관례와 계례.
성년식이라고 해도 좋을 이 두 가지 예식은
그 구실이 엄청 크게 다루어졌으니……

이렁저렁해서
사람에게는 하고많은 일이 따르게 마련이었다.

•

어른이 된다는 것:
관례와 계례

•

홍길동과 입사식

영영 집을 나선 길동이 우연히 도둑의 소굴에 들어간다. 첩의 자식이라고, 집안에서조차 천대받던 소년. 아버지를 아버지라고 부르는 것조차 못하도록 가족에게서조차 따돌림을 당하던 길동이 견디다 못해 집을 뛰쳐나온 것이다.

길동은 버려진 고아나 다를 게 없다. 배를 곯고 한뎃잠을 자야 하는 처지이고 보면 무엇이든 누구에게든 기댈 데가 아쉽다. 그래서도 길동은 도적의 무리에 끼어든 것이다. 그러나 도둑의 소굴이라도 공짜로는 받아들여주지 않는다. 조건이 있었다. '들돌'을 들어서 남달리 힘이 세다는 것을 보여야만 했다. 그래서 길동은 밑동이 크고 무거운 바윗돌을 들어 올려야 했다. 그건 크고 육중했다. 천하장사라도 들까 말까 할 만큼 커 보였다. 하지만 길동은 머뭇대지 않았다. 두 다리를 약간 벌려서 버티고는 허리를 구부렸다. 돌을 양손으로 움켜잡았다. 그리고 눈 부릅뜨고 숨을 크게 들이켜고는, "영차, 영차!" 단숨에 어깨 너머로 해서 머리 위에까지 치켜 올렸다.

"와!"

둘러 서 있던 무리가 소리 질렀다. 요란하게 손뼉을 쳐댔다. 그리고는 다들 길동 앞에 엎드렸다.

"바라건대, 우리의 우두머리가 되어주소서!"

이미 두령 자리에 있던 자도 감히 못 들어 올린 바윗돌이었기 때문이다.

집도 절도 없던 외톨박이 길동은 그래서 도둑 무리의 두령이 되었다. 하지만 그건 '의적義賊'이라고 일컬어지던 별난 도둑 무리였다. 못된 짓해서 더러운 재물을 많이 챙긴, 그러니까 부랑배 부자에게서 돈을 빼앗아서는 가난하고 착한, 굶주린 사람들에게 나누어주는 도둑 무리였다. 요즘 식으로 말하자면, '복지 단체' 같은 것이었다.

한데 여기서 조금 성가신 얘기를 해야겠다. 그것은 '입사식入社式'에 관한 이야기다. 요즘 같으면 누군가가 신입 사원으로서 새로이 회사에 들어가는 것을 '입사'라고 하지만, 길동과 관계 짓고 말하는 '입사'는 그런 게 아니다. 약간은 닮았지만 크게는 다르다.

어느 한 사람이 어떤 '결사', 곧 이미 짜여 있거나 엮여 있는 어떤 모임이란 뜻의 사회조직에 새로이, 곧 신규로 가입하는 것을 여기서는 '입사'라고 한다. 그리고 그에 따라서 치러지는 일종의 절차 또는 의식을 '입사식'이라고 한다. 따지고 보면 입학식도 일종의 입사식인 셈이다.

가령 화랑도가 되는 것은 신라 소년들의 입사식이고, '경당扃堂'에 들어가는 것은 고구려 소년들의 입사식이다. 관례冠禮를 올리는 것은 조선 시대 소

년들의 입사식이고, 중·고등학교에 입학하는 것은 요즘 청소년들을 위한
입사식이다.

들돌 들기: 두레패에 들어서 사내가 되기까지

길동이 했던 '들돌 들기'는 입사식이나 마찬가지라는 걸 헤아리게 되었을
것이다. 길동은 들돌 들기를 해서는 의적의 무리, 곧 의적의 사회에 가담하
게 되었고, 그래서는 남들에게 도움을 주는, 어떤 요긴한 구실을 맡게 된 것
이다. 그럴 때 '들돌'은 몹시 돋보이는 어떤 실물로서 손색이 없다. 무리에서
그 커다란 바윗덩어리는 우뚝 우람하게 바라보였을 것이다.

들돌 들기는 일종의 '역기 시합' 같은 것. 그런 시합을 통해 의적의 무리
에, 그것도 우두머리로 가담하게 되었으니까, 길동은 들돌의 혜택을 톡톡히
입은 셈이다. 그래서는 머리 위로 들어 올렸던 들돌을 무슨 왕관처럼 섬겼
을 것이다. 물론 들돌이 길동에게만 큰 보람을 안겨준 것은 아니다. 다른 하
고많은 소년에게도 여간 값진 게 아니었다.

길동의 얘기에서 미루어 짐작하건대, 묵은 시대에 '들돌 들기'는 길동에
게만이 아니고, 다른 많은 소년에게도 비슷한 구실을 해주었을 게 틀림없다.
한데 용케도 그렇게 말할 수 있는 증거를 우리는 그다지 멀지 않은 과거에서
도 찾을 수 있다.

멀지 않은 지난 시절까지도 한국의 농촌에는 '두레'가 있었다. 한 마을의
남정네가 모두 한 동아리가 되어서는 농사일을 서로 도울 뿐만 아니라, 마
을 안의 혼례(결혼)나 장례(초상) 같은 큰 행사를 마치 자기 집안의 일처럼

서로 도와서 치러냈던 모임이며 활동이 곧 '두레'다.

　요즘 식으로 말하자면 '마을 협동 모임'이나 '마을 공동 협업체'라고 부를 만한 성격을 갖춘 게 다름 아닌 '두레'였는데, 전통적인 모습의 두레는 이제 옛날 얘기가 되고 말았다. 두레가 마을의 '농악대'나 '풍악패'의 형태로나마 일부 남아 있는 것은 여간 다행한 일이 아니지만, 거개의 농촌 마을은 집집마다 그저 토막 나 있어서, 각 집은 '나 홀로'일 뿐이다.

　'마을 협동 모임'인 두레에 가담한 무리를 '두레패'라고 불렀는데, 그 구성원이 되자면 들돌 들기를 해야 했다. 바위 들기를 해서 일정한 점수를 따야만, 마을 안의 소년이나 젊은 청년은 비로소 두레패가 될 수 있었고, 그래서는 마을의 '어른'이 될 자격을 따낼 수 있었다. 그제야 비로소 어엿한 총각이 되고, 겸해서 당당한 사내가 될 수도 있었던 것이다.

　그런데 보통은 들돌이 세 개씩이나 되었다. 대·중·소의 셋, 아주 큰 것과 중간 크기, 그리고 제일 작은 것까지 해서 모두 세 개로 구성되어 있었다. 제일 작은 것조차도, 보통 성인으로서는 두 팔로 들어 올리기가 꽤나 힘들었으니까, 나머지 둘은 여간 육중한 게 아니었다. 한데 이 들돌은 마을 안 아무 데나 놓여 있었던 것은 아니다. 요긴하고 두드러진 곳에 의젓하게, 덩두렷하게 모셔져 있었다. 대개는 마을을 지켜주는 신이라고 믿어진 서낭나무, 그것도 높고 넓게 우거진 고목나무로 된 서낭나무

들돌 들기는 일종의 역기 시합 같은 것이다. 어느 것까지 들어 올리느냐에 따라서 같은 두레패 안에서도 계급이 달라졌다.

의 아래쪽 밑둥 곁에 크고 작은 세 개의 바위가 포개어져서는 놓여 있게 마련이었다. 그 앞에 서면 무엇인가 위풍당당한 느낌을 받게 되어 있었다.

이토록 소중하고 거룩한 들돌. 그 '대·중·소' 세 개의 들돌 들기에 따라서 같은 두레패 안에서도 계급이 달라졌다. 가장 큰 돌까지 셋을 모두 들어 올리면 상등의 패가 되고, 중간 크기의 돌까지 둘을 들어 올리면 중간치의 패가 되고, 가장 작은 것밖에 못 들어 올리면 가장 아래 계급에 속할 수밖에 없었다.

물론 그것들을 모두 들어 올린다는 것은 까다로웠다. 돌을 두 팔로 움켜잡고는, 와락! 가슴팍 위까지 치켜 올려서는 힘겹게 머리 둘레로 빙그르르, 한 바퀴 돌려야 했다. 작은 돌에서 시작해서는 중간 돌을 거쳐 제일 큰 돌까지 차례로 그렇게 들어야만 했다. 그것은 길동의 바윗돌 들기의 구실과 매우 닮았다.

오늘날, '머리의 홍길동'들

그러니까 들돌은 여간 요긴한 게 아니었다. 한 마을 안에서, 사람들의 힘이며 처지며 신분의 높고 낮음을 결판내는 데 이바지했기 때문이다. 하지만 들돌 들기가 마을 안의 보통 소년이나 청년에게만 의미 있었던 것은 아니다. 그것은 소위 머슴들, 그러니까 살림이 좀 넉넉한 집안에서 일정한 품삯을 받고 농사일이며 여러 가지 힘겨운 일을 맡아서 했던 남정네들을 위해서도 요긴한 구실을 도맡아내었다.

이들 머슴은 일 년에 얼마씩 곡식이나 돈으로 품값을 받았는데, 그걸 '새경'이라고 했다. 들돌 들기는 그 새경의 많고 적음을 매기는 구실을 맡았던 것이다. 큰 돌까지 셋을 다 너끈하게 들면 '상머슴'이라서 새경을 비싸게 받았고, 중간 크기까지 들면 '중머슴'이라서 덜 비싸게 받았다. 겨우 작은 돌만 들었다면, '곁머슴'이라서 새경도 적어졌다.

자, 이러니 홍길동에게서, 마을 새내기 사내아이들에게서, 그리고 농사 짓기의 노동을 하는 머슴들에게서도 들돌 들기는 만만찮은, 큰 구실을 맡아 냈던 것이다. 그렇게 들돌을 들고서는, 누구는 어느 무리의 우두머리가 되었고, 또 누구는 마을 두레패에 새로운 구성원으로 껴들었다. 또 다른 누구는 새경을 많이 받는 머슴이 될 수 있었던 것이다.

그러니 어떨까? 들돌 들기는 이런 여러 경우에서 자격 고사나 자격시험 구실을 척척 맡아낸 것이다. 하지만, 그 풍습은 사라지고 말았다. 서구 쪽에서 흘러들어온 역기는 제자리를 잡은 운동 종목으로 의젓하게 대접하면서도 제 나라의 풍습이던 것은 이제 내던진 지가 사뭇 오래되었다.

들돌 들기만 사라져간 건 아니다. 그 흔하던 들돌 자체가 아예 자취를 감추어버리고 말았다. 가령, 경상남도와 전라남도 해안 지대의 농촌을 샅샅이 뒤지고 다녀도, 아주 외진 농촌 마을 두서너 곳에서 겨우 찾아지는 정도이니 말이다.

참 아쉽고도 서운하다. 이제 무슨 수단으로나 육체적인 '힘자랑'은 보기 어렵게 되고 말았다. 들돌은 마을 안 어느 집의 돌담에 묻히고 말았다. 그런 것이 한때나마 들돌이었다는 것을 눈치 채는 사람도 드물어지고 말았다. 그러니 오늘날의 청소년이 다른 방식으로 그들의 힘자랑을 하고 힘을 내보이고 있다는 것을 그나마 다행으로 여겨야 할까? 물론 육체의 힘은 아니다. 요즘의 청소년들은 중·고등학교며 대학의 입학시험에서 두뇌의 능력을 힘껏 내보여야 한다. 머리의 힘이 육체의 힘을 짓누르고 있다. 머리의 힘만으로 사회가 움직이고 나라가 지탱되고 있다. 그러니 오늘날의 청소년은 '머리의 들돌 들기'를 하고 있는 셈이다. 겉모양은 달라졌지만 속내가 크게 달라진 건 아니다. 오늘날의 소년들은 '머리의 홍길동'이고 '두뇌의 두레패'다.

관례冠禮: 대장부 되기

사내 꼬맹이가 어른의 문턱에 들어서는 일, 그것은 한 사람의 인생에서 겪고 지나야 할 크나큰 고비이며, 인생의 갈림길이다.

아기가 크면 '아이'라고 부른다. 그리고 아이가 웬만큼 자라서 어른 티가 나면, 그걸 반기며 예식을 올렸다. 사내아이의 경우는 관례冠禮라고 하고, 여자아이의 경우는 계례笄禮라고 일컬었다. 둘 다 요즘 식으로 말하자면 '성년식'인 셈인데, 또 다른 의미로는 난생처음으로 투표권을 행사하게 된 것에 견줄 만했다.

그러나 소년 소녀라 해도 누구나 성년식을 치렀던 것은 아니다. 관례나 계례는 양반 집안에서만 치러졌다. 상민이나 천민에게는 어림도 없는 일이었다.

사내아이는 열다섯 살 지나고 스무 살에 미처 못 미치는 나이가 되었을 때, 좋은 날을 받아서는 관례를 올렸다. 그리고 관례를 올린 어른이라는 의미로 머리에 풀갓이라고도 하는 '초립草笠'을 썼다. 간혹 열 살 남짓한 아이가 관례를 올리고 초립을 쓰는 경우가 있었는데, 아직 아이 티는 남아 있다는 의미에서 '초립동草笠童'이라고 불렀다.

관례를 치르면 땋아 내리고 있던 머리를 총각답게 올렸다. 상투를 쪼고는 복건, 초립, 사모, 탕건 등의 이름으로 불리던 일종의 머리 장식, 또는 모자 등속을 머리에 썼다. 이때 머리에 쓰는 것을 통틀어서 '관冠'이라고 했는데, 성년식이 관례冠禮라고 일컬어진 것은 이 때문이다.

이에 비해 여자아이의 경우에는 어른이 되는 식을 계례笄禮라고 했다. 이역시 땋아 내리고 있던 머리를 올려서 치장하고는 비녀를 꽂는 것에서 유래했는데, 계례의 계笄는 비녀라는 뜻이다.

관례는 고려 시대에 시행되었다는 기록이 남아 있지만, 그 기원은 더 거슬러 올라가서 신라에 미치게 된다. 신라에서 화랑도가 되는 것이 성년식을 겸하기도 했다고 헤아려지기 때문이다.

관례는 한 사람이 자신을 위해서 치르게 되는 예식 가운데서는 그 절차의 규모가 가장 잘 갖추어진 편이다. 그것은 어른 되기의 보람이 그만큼 컸다는 것을 의미할 것이다. 관례는 도입부 격인 고사 읽기를 시작으로 초가례初加禮, 재가례, 삼가례 등의 절차를 지나 초례醮禮까지, 자그마치 네 단계를 거치게 되어 있었다. 하지만 그 뒤에 치르게 되어 있는 자字 짓기, 이를테면 어른으로서 새삼 갖게 되는 제2의 이름 짓기와 마무리 고사 읽기까지 치게 되면, 무려 여섯 단계를 밟아나가게 되어 있다. 그만큼 절차가 까다롭고 복잡한 편이다.

이것은 거듭 미성년이 성년이 되는 것을 인생의 가장 중요한 고비로 보았다는 뜻이다. 한데, 이들 네 가지 또는 여섯 가지 절차에서 고사를 읽거나 축사를 읽게 되어 있는데, 그게 하나같이 천지신명에게 알리고 조상에게 고하는 내용을 품고 있다. 사내아이가 어른 대장부가 된다는 것이 그토록 막

사내아이가 어른의 문턱에 들어서는 일은 크나큰 고비이며 인생의 갈림길이었다. 사내아이들은 상투를 쪼고, 복건, 초립, 사모, 탕건 등의 관을 쓰는 등 네 가지 또는 여섯 가지 절차를 거치며 관례를 치렀다.

중했던 것이다. 한데 오늘날에는 관례가 온데간데 없다. 고등학교나 대학 입학식이 겨우 그것을 대신하고 있는 형편이다.

계례笄禮: 깜장 머리에 은비녀 꽂고는 소녀가 어른 되기

사람에게서 머리가 갖는 의미는 매우 크다. 그 상징성은 인간 육체의 다른 부위를 압도하고도 남는다. 머리는 우선 그것이 차지하고 있는 자리나 위치부터가 엄청나다. 우리들 육신의 맨 꼭대기, 최상부다.

두령頭領이나 두목頭目은 어떤 무리의 우두머리란 뜻이다. 수령首領이나 수괴首魁란 말은 사령관과 같은 뜻인데, 여기서도 '머리 수首'는 역시 우두머리를 가리키고 있다. 필두筆頭를 위시해서 선두先頭, 진두陳頭 등등에서도 '머리 두頭'는 맨 앞을 뜻한다. 머리는 이런 여러 말이 가리키듯이 꼭대기고 앞이고 우두머리다.

두상頭上이란 낱말이 따로 있다. 머리 위라는 뜻으로 쓰일 수도 있는 한편, 머리 자체를 가리키기도 한다. '머리 두頭'에는 아예 상층이고 위라는 뜻이 담겨 있다.

그래서도 머리의 모양새는 몇 세대 전만 해도 당사자의 나이나 처지나 신분 등을 의미하는 것이었다. 머리를 어떻게 치장하느냐, 어떻게 손질하느냐에 따라서 신분이 오르락내리락하고, 남들에게서 받는 처우가 달라지기도 했던 것이다. 물론 남녀의 차이를 짓기도 했다.

기다랗게 땋은 머리, 댕기로 땋아서 늘어뜨린 댕기머리, 그 치렁치렁한 머리는 소녀의 것이었다. 윤기가 반짝이면 그들의 머리는 더욱 곱게 보였다.

머리 뒤에서 산들대는가 하면 어깨 타고 살랑대기도 할 때, 어린 소녀의 땋은 머리는 여간 귀여운 게 아니었다. 그것은 여자아이의 몫이고, 특전 같은 것이었다.

하지만 그 옛날, 시집갈 나이가 되면 아쉽게도 댕기머리를 그만두고 머리를 올려야 했다. 머리를 올린다는 말은 예사로운 말이 아니었다. 내린 머리가 올린 머리가 되면, 당사자의 처지에도 무엇인가가 따라 올랐다.

사내아이가 머리를 올리면 상투를 쪼고 어른이 되었다는 의미다. 여자아이가 머리를 올려 쪽을 지으면 그것은 시집가기 위해서 차비를 차리는 일이었다. 처음으로 머리를 올린다는 것은 이처럼 어른의 문턱으로 올라선다는 것을 의미했다. 미성년이 성년이 되는 일이었다.

여자들의 올린 머리, 그것은 '쪽진 머리'라고 했다. 머리 뒤의 목 부분, 그러니까 뒤꼭지에 예쁘고 동그래지게 머리칼을 말아서 뭉치를 지은 것이다. 백옥처럼 눈부시게 하얀 목덜미와 어우러진 쪽진 머리는 커다란 흑진주 같아 보이기도 했는데, 거기에 비녀를 꽂았다. 집안 사정에 따라서 은비녀일 수도 있고 금비녀일 수도 있었다. 은비녀는 희게 빛나고 금비녀는 그야말로 황금빛으로 빛나면서 반들반들 윤기 짙은 머리칼과 멋진 대조를 이루었다.

동그마한 비녀 꼭지에는 꽃송이 같은 무늬가 지어져 있어서 한결 돋보이기도 했다. 햇살이 비치면 눈이 부셨다. 처녀가 시집을 가면서 비로소 머리에 비녀를 꽂게 되는데, 그 '비녀 꽂이'를 일러 계례笄禮라고 했다. 사내들의 관례에서와 마찬가지로 삼가례를 정중하고도 엄숙하게 올리면서 비녀 꽂이의 예를 바쳤던 것이다.

"나는 이제 의젓한 어른이야!"

여자아이가 머리를 올려 쪽을 지으면 그것은 시집 가기 위해서 차비를 차리는 일이었다. 쪽진 머리에 비녀를 꽂는 계례를 통해 여자들은 통과의례를 화 사하고 눈부시게 치러냈다.

여자들은 비녀 꽂이의 계례를 통해 떳떳한 통과의례 구실을 화사하고 눈부시게 치러낸 것이다. 하지만 이제는 비녀도 없고 쪽진 머리도 볼 수 없게 되었다. 지금으로서는 소녀가 성년의 문턱에 들어섰을 때, 단발머리 그만두고 파마를 하는 게 고작이다.

장가들기와 시집가기:
혼례 婚禮

초례청醮禮廳에서

이리하여 나는 그 순 구식의 혼인편이 되어

1938년 3월 24일

사모관대에 당나귀를 타시고 가서

족두리 쓰고 연지 바른 만 십칠 세 사 개월짜리

방方

규수와 그 신성한 결혼식을 올렸나니

—서정주, 「구식의 결혼」 중에서

시로는 이렇게 짧게 노래되어 있는 지난날의 혼례, 그것은 어떤 모습이
었을까? 궁금증을 풀기 위해서도 우선 혼례가 치러지고 있는 현장인 초례청

족두리를 쓴 신부의 모습. 지난날의 신부에게
혼사는 곧 '시집가기'였다.

을 살펴보는 게 좋을 것 같다.

"부서언재애배애婦先再拜"

혼례 의식의 순서를 적은 홀기笏記를 두 손으로 받들어 정중하게 펼쳐 들
고 예를 진행하는 허근許槿의 목소리는 막 무르익어 가고 있었다. 허근
은 신부의 종조부이다.

신부가 먼저 두 번 절하라는 말이 꼬리를 끌며 마당에 울리자, 신부의 양
쪽에 서 있던 수모手母가 신부를 부축한다.

신부는 팔을 높이 올려 한삼으로 얼굴을 가리운다.

(중략)

"하이고오, 시상에 워쩌면 저렇코롬……"

초례청을 에워싼 사람들의 뒤쪽에서 누군가 참지 못하고 탄성을 질렀다.

거의 안타까운 목소리이다.

신부는 다홍치마를 동산처럼 부풀리며 재배를 하고 일어선다.

한삼에 가리워졌던 얼굴이 드러나자, 흰 이마의 한가운데 곤지의 선명한 붉은빛이, 매화잠梅花簪의 푸른 청옥 잠두簪頭와 그 빛깔이 부딪치면서 그네의 얼굴을 차갑고 단단하게 비쳐주었다.

(중략)

사모紗帽를 쓰고, 자색紫色 단령團領을 입은 신랑은 소년이었다. 몸가짐은 의젓하였지만 자그마한 체구였고, 얼굴빛은 발그레 분홍물이 돌아, 귀밑에서 볼을 타고 턱을 돌아 목으로 흘러내리는 여린 선이 보송보송 복숭아털이 그대로 느껴진다.

그는 시키는 대로 나붓이 꿇어앉으며 신부에게 일배一拜를 한다.

사모 쓰고 단령 입은 신랑이 신부에게 한 번
절하고 있다.

부우재배(婦又再拜). 신부가 다시 두 번 절
하고 있다.

마당을 가득 채운 웃음소리와 덕담, 귓속말들, 옷자락에 흥건히 배어들
만큼 질탕한 갖가지의 음식 냄새와 청·홍, 오색의 휘황함에 짓눌리기라
도 한 것일까, 아니면 모든 것이 아직은 어색한 탓일까, 나이 어린 신랑
의 얼굴은 굳어 있었다.

(중략)

사람들은 이러한 것들에는 아랑곳하지 않고 여기저기서 마주보고, 웃고,
고개를 끄덕이며 흥겹게 들떠 있었다.
그것은 시간이 갈수록 점점 더 고조되면서 물결처럼 출렁거리고, 그 출
렁거림은 이제 막바지에 달하여, 반상班常과 주객主客을 가리지 않고 한
덩어리로 둥실 떠오르게 하는 것이었다.

"부우재애배애婦又再拜"

신부가 다시 두 번 절을 하자, 신랑은 답으로 일배를 한다.

돗자리 위에 놓인 신랑의 두 손이 하얗고 나뭇잎처럼 조그맣다.

그러고 나서 두 사람은 허근의 영슈을 따라 그 자리에 각각 무릎을 꿇고
단정히 앉았다.

"신랑은 애들맹이고, 신부는 큰마님 같으네에……"

"……금메 말이시."

꼰지발을 딛고 넘겨다보던 두 아낙이 소근거린다.

"시이자아가악치임주우侍者各斟酒."

시중드는 이는 각기 술을 따르시오.

허근의 말이 길게 꼬리를 끌며 떨어지자, 대령하고 있던 하님과 대반은
술상 앞에 가서 앉는다.

(중략)

신부 측에서 흰 사기 잔에 술을 부어 신랑 편으로 보내면, 신랑은 그를
받들어 땅에 조금 지운 다음 한 모금 마시고 신부 측으로 보낸다.

(중략)

신랑과 신부가 각기 대반과 하님의 부축을 받으며 초례청을 떠나자 마당
은 바야흐로 이제부터 흐드러진 잔치에 들어갈 모양이었다.

—최명희, 『혼불』 중에서

고생길이기도 했던 혼례

 전통 혼례는 이렇게 화사하고 아름다웠다. 흥청대기도 했다. 혼례는 정

말이지 커다란 잔치요 축제였다. 그렇지만 오늘날에는 아무도 이렇게 장가 들고 시집가지 않으니, 이런 구식 혼례는 지금으로는 남의 일이나 다를 바 없이 되었다.

거리의 예식장에서 치러지는 결혼식은 섭섭할 만큼 단출하고 단순하다. 혼사를 일러서 인생의 '백년가약百年佳約', 곧 '평생에 걸친 아름다운 약조'를 다짐하는 큰일이라고 일컬어왔지만, 오늘의 결혼식은 미처 '일년가약'도 못 될 것 같은 느낌이 든다. 너무나 빨리, 별로 공도 안 들이고 치러지기 때문 이다. 신랑·신부 입장에 이어서 상견례라고 맞절을 교환한다. 이어서 양가 의 부모들에게 큰절을 올리고 나면, 주례는 혼인 서약을 시키고는 바로 성 혼선언문을 낭독한다. 예식의 절차는 이걸로 끝. 걸리는 시간은 고작 십 분 을 넘을까 말까다. 이게 오늘의 결혼식 모습이다. 신랑도 신부도 하등 힘들 것이 없다. 중·고교 입학식 절차보다 더 간소하다 보니, 마음의 긴장은 몰 라도 육체적으로는 하등 부담될 게 없다. 누워서 떡 먹기까진 몰라도 앉아 서 떡 먹기 하는 정도가 아닐지 모르겠다.

이런 판국에 지난 시절, 장가들고 시집가기가 화려하면서도 어렵고, 흥 청대면서도 고생길이었다면, 그래서 혼사가 힘겨웠다면 누가 믿을까? 마른 벼락에 된벼락까지 겹쳐서 맞듯이 혼쭐나고야 신랑 되고 신부가 되는 것이 라면, 요즘 세상의 젊은이는 누구나 사양할 것 같다.

하지만 정말이다. 장가들기나 시집가기나 축하받을 만한 것이면서도 어 차피 고생길이었다. 혼쭐나서는 '들고, 가고' 하는 게 다름 아닌 혼사였다. 혼사는 혼쭐 행사였다. 그래서도 혼사는 더 한층 시끌벅적하고 요란하기도 했던 것이다.

이전 시대의 혼례는 신부 댁 뜰에서 치러졌다. 화사하고 번쩍대기도 했지만 여간 큰 고생이 따른 게 아니다. 인륜대사이고 혼인대사였던 것이다.

지난날의 혼례는 화사하고 번쩍대기도 했지만 여간 큰 고생이 따른 게 아니다. 혼인은 고행苦行이기도 했다. 시끌벅적하고 떠벌리는 한편으로는 까다롭고 성가시고 했다. 오죽하면 '혼인대사婚姻大事', 곧 혼인 치르는 커다란 일이라고 했겠는가.

요즘에야 믿건 말건 그건 사실이다. 그래서도 혼사며 혼인을 치르는 혼례는 '인륜대사人倫大事'라고들 한 것일까? 인륜대사에 혼인대사까지 대사가 둘씩이나 겹쳐 있으니, 이건 여간 대단한 일이 아니다. 사람이 참 사람 되기 위해서 치러내고 감당해내어야 할 크나큰 일, 벅찬 일, 그렇게 풀이될 게 곧 인륜대사이고 혼인대사였던 것이다.

그래서도 요즘은 오래 써오던 혼사며 혼인, 또는 혼례라는 말은 아예 젖

혀둔 채로 '결혼結婚'이라고들 하는지 모르겠다. 그러나 이 말은 일본에서 많이 쓰던 말이다. 시중에 하고많은 상업 예식장이 '결혼 예식장'이라고 간판을 내건 탓이 아닌지 모르겠다.

신랑은 장가들고 신부는 시집간다고들 일러왔다. 물론 신랑을 두고도 '장가간다'고도 일러왔다. 그러나 혼인 절차를 생각하게 되면 아무래도 신랑은 '장가든다'고 하는 게 더 타당할 것 같다.

이전 시대의 혼사는 당연히 처가에서, 곧 신부 댁 뜰에서 치러졌다. 그렇게 신랑은 일정 기간 동안 처가에 들어가서 혼례를 올렸으니 장가든다고 했을 것이다. 어쩌면 '장가'는 한자로 '丈家'라고 쓸 수 있을지도 모른다. 그것은 '장가'가 '장인丈人과 장모丈母의 집'을 의미한다고 볼 수도 있기 때문이다. 그래서도 신랑은 '장가에 들어가서 혼사를 치른다'는 뜻으로 '장가든다'는 말이 생겨났을 것이라고 추측해보게 된다.

이에 비해 신부는 제집에서 혼사를 치르고는 이내 신랑의 집인 시가媤家, 곧 시댁으로 아주 영영 가게 되어 있다. 그래서도 신부에게는 혼사가 곧 '시집가기'였다고 생각되는 것이다.

이렇듯 신랑은 들고 신부는 가고 하면서 혼인을 했다. 한 사람은 들고 또 한 사람은 가고 하는 탓인지는 몰라도, 그들 둘이 혼사에서 맡아내고 치러내야 하는 절차는 아주 대조적이었다. 물론 둘이 아울러서 치르는 것이니까, 상통하는 점도 있었지만, 서로 대조될 만큼 아예 맞대놓고 다른 것도 있었다.

어차피 '두 몸이 한 몸 되기'니까, 한통속으로 하나같이 치를 수도 있었을 텐데, 장가들기와 시집가기 사이에는 들고 가는 것만큼의 큰 차이가 있었다.

장가가기는 고생길

그래서일까? 신랑 장가들기나 신부 시집가기나 엇비슷하게 힘겹고 고된 일이었지만, 자상하게 캐고 보면 신랑이 더 한층 고되게 장가들게 되어 있었다. 장가가기는 고생길이었다. 그래서도 장가들기를 따져보자.

시작이 반이라더니, 신랑은 초행길부터가 험난했다.

혼례 날 아침, 신랑이 제집을 나서서 '초례청醮禮廳', 곧 예식장이 차려진 신부 집으로 가는 것을 초행初行이라고 한다. '처음 걸음'이란 뜻이다. 나귀를 탄 신랑이 처가 마을에 가까워지면 신부 측에서 대표자들이 나와서 맞긴 하는데, 그게 예삿일이 아니었다. 신랑을 애먹이고, 애를 달군다. 그로 하여금 시험을 치게도 한다. 입학시험이 아니라 '초행 시험'을 치는 셈이다.

신부 편 사람들은 새삼 물을 것도 못 되는 '뭣 하자고 예까지 먼 길을 왔느냐?' '생긴 건 왜 그 모양이냐?' 등등, 괴롭히고 조롱을 했다. 그러고는 신랑에게 시 한 수를 지어서 당장에 읊어보라고도 했다. 시 짓기의 시험판이 벌어지기도 했던 것이다. 그런 고비를 겨우 넘기고 신부 집 앞에 겨우 당도해도 그냥은 대문이나 사립짝에 들어서게 해주지 않았다. 문 앞에서 한참을 서서 기다리게 했다. 다리가 저리도록 선 채로 대기待期하게 만들었다.

그런 다음, 문 앞에 깔린 가마니 더미를 밟고는 안에 들어서게 했다. 산 넘고 또 산 넘어서 겨우 들어오라는 뜻이 거기 담겨 있었다. 뜰에 들어선 다음 또 몇 가지 번거로운 절차를 밟은 뒤에야 신랑은 간신히 혼례가 치러질 초례청 앞에 설 수 있었다.

신랑은 신부와 맞절을 나누고는 '합근례合卺禮'를 올리는데, 그것은 같은 잔으로 술을 서로 나누어 마시는 절차다. 그로써 앞으로 무슨 일이 있어도

나귀를 탄 신랑이 처가 마을에 들어서면 신부 측에서 나와 맞았다. 그러나 그 뒤로부터는 신랑을 애먹이는 여러 절차들이 줄줄이 기다리고 있었다.

평생을 더불어 살면서 그 뜻과 마음이 하나 되기를 맹서하는 것이다.

그러고는 그날 밤 신방에서 초야를, 이를테면 첫날밤을 함께 보내게 되는데, 기쁨도 즐거움도 잠시, 신랑은 다음 날 아침부터 또다시 시련을 겪어야 했다. 소위, '신랑달기'를 치러야 했던 것이다.

신부 측의 친척이나 이웃 젊은이들은 신랑에게 대들다시피 하면서 말도 안 되는, 억지 춘향의 수수께끼나 물음을 던져댔다. 신랑이 어리둥절해하거나 서먹한 대답을 하면 신부 측에서는 정답이든 아니든 간에 생트집을 잡고는 신랑을 방망이질해댔다. 심하면 기둥이나 들보에 매달아놓고는 매질을 안기기도 했다. 이걸 옛말로는 '동상례東床禮'라고 했는데, 명색이 '예절 예禮' 자를 붙인 게 민망할 정도였다.

자! 그러니 신랑은 여기까지 혼쭐나면서 몇 고비를 견뎌낸 것일까? 무려 세 고비다. 신부 집 가까운 고샅이나 골목에서 한 번, 신부 집 문 앞에서 또 한 번, 그러고도 모자라서 다시 또 신방에서 한 번, 이렇게 자그마치 세 번씩이나 마른하늘의 된벼락을 맞아야 했다. 신랑을 무슨 죄수 다루듯 한 셈이다. 요즘 세상의 신랑 같으면 이를 사양하고 신랑 되기를 포기할 게 틀림없다. 지금은 영영 없어진 풍속이지만 말이다.

혼쭐나고 장가가기: 신랑은 누구나 바보 온달溫達

지난 시절, 묵은 시대에 장가들기가 어떠했는가를 알아보았다. 그런데 근세에 치러진 그 힘겨운 혼례의 전통은 까마득한 태곳적으로 거슬러 올라간다. 그걸 알아보기 위해서는 '바보 온달' 이야기에 귀를 기울이는 게 좋을 것 같다. 그런데, 비록 유명한 이야기이긴 하지만 '고구려의 공주와 바보 사내가 혼사를 치러 가시버시가 되었다'는 이야기가 황당하게 들리지는 않을까. 아무리 먼 옛날의 전설이고 까마득한 그 옛날 옛적의 얘기라지만 의심 없이 받아들여질 것 같지 않다. 마른하늘에서 황금 덩어리를 따도 유분수지, 하는 생각도 들 것이다. 하지만 전설이 멀쩡하게 전해져 있는 것은 어김없는 사실이다.

고구려의 평강平岡공주는 어릴 적부터 울보였단다. 노상 징징 짜거나 울음보를 터뜨리기 일쑤여서 얼굴에 눈물 마를 틈이 없었다. 그러자니 지치고 시달린 아버지 왕이 말리고 타이르고 하다 못해 욱대기기도 했단다.

"너, 자꾸 그렇게 울보 짓만 하면 나중에 바보 온달에게로 시집보낼 거다."

148

그런데도 공주의 울음통은 늘 터지고 또 터지곤 했다. 하지만 그럭저럭, 나이가 들어서 열다섯 살쯤 되었을 때, 왕은 공주의 신분에 어울리는 혼처를 정하고는 울보 딸을 시집보내고자 들었다. 한데 공주가 뜻밖의 고집을 부렸다.

"아바마마께서는 이 딸을 바보 온달에게 시집보낸다고 늘 다짐 두곤 하시지 않았습니까? 저는 이미 오래전부터 마음속에서 온달을 신랑으로 모시고 있습니다. 그에게로 시집가게 해주십시오."

이 말을 듣고 화가 난 왕은 공주를 내쫓았다. 쫓겨난 공주는 온달을 물어 물어 찾아갔고, 정말로 그 바보의 신부가 되었다.

자상하게 얘기하다 보니 더 한층 못 믿을 얘기다. 황당무계란 이를 두고 하는 말일 것이다. 한데 이야기는 계속된다.

공주 신부는 친정에서 갖고 온 말을 골라 길렀는데, 그게 여간 좋은 말이 아니었다. 준마駿馬고 명마名馬였다.

공주 신부는 바보 가난뱅이 신랑을 도와서 말타기를 시켰다. 기마술에 겸해 활 쏘는 법이며 창 쓰는 기술도 익히게 했다. 그럭저럭 바보 신랑은 훌륭한 기수騎手에다 솜씨 좋은 궁수弓手가 될 수 있었다.

그런 차에 나라에서 주관하는 말 타고 사냥하기 대회가 열렸다. 거기 응모한 온달은 남달리 뛰어난 기마술과 사냥 솜씨를 발휘해서는 일등상을 타내었다. 그것은 화려한 성공이었다. 그제야 왕은 온달을 정식 사위 삼아서는 신하로 맞아들였고, 이어서 바보 온달은 높은 벼슬자리에 올랐다.

이야기는 대충 이렇지만, 역시 뭔가 긴가민가하다. 믿을 수 없는, 그저 한 편의 전설로만 여겨질 것 같다. 하지만 이 이야기에 직접 드러나 있지 않은 자상한 속내를 짚어보면 그러려니 하고 수긍하게 될 것이다.

옛날도 아주 먼 옛날, 고구려 시대에는 혼사가 두 번 치러졌다. 그것을 '중혼제重婚制'라고 해도 좋은데, 혼례가 반시간도 안 걸려 단 한 번 벼락치기로 후다닥 끝나고 마는 요즘 세상에서는 알아듣기 힘든 혼인 제도일 것이다. 처음 혼례 절차에서는 신부가 신랑 집으로 시집가서는 임시로 신랑과 하나가 된다. 이때 신부는 제법 후한 혼수를 갖추어서 가지고 간다. 그런 다음 두 번째 혼례 절차에서는 신랑이 특별난, 남다른 기량이나 재주를 보이도록 되어 있는데, 이때 신랑은 매우 시달리게 된다. 그러기 전까지 신랑은 신부 측에서 바보나 못난이 취급을 받으면서 시달리고 어려움을 겪으며 혼이 나게 되어 있었다. 그런 뒤에야 신랑은 그 시련을 이기고 당당히 큰 사내 구실을 내보이게 되는데, 그제야 신부 측에서도 신랑의 신분이며 자질 그리고 자격을 인정했던 것이다. 이래서 또 한 번의 혼사가, 두 번째 혼사가 이루어지고, 이로써 혼인의 모든 예식은 우여곡절 끝에 마무리되었다.

신랑 후보자의 자질이며 자격 보이기나 신분 보이기는 신부 가족들을 앞에 두고 또는 신부 가족들을 상대로 해서 치러졌다.

이런 고구려의 혼인 제도에 비추어 보게 되면 바보 온달이 장가가는 얘기는 과장이나 허풍, 재미거리의 일화에도 불구하고 상당한 정도로 고구려의 혼인 절차를 반영하고 있다는 것을 알 수 있다.

이때, 신랑 후보자의 자질이며 자격 보이기나 신분 보이기는 신부 가족들을 앞에 두고 또는 신부 가족들을 상대로 해서 치러졌다는 것을 강조해두는 것이 좋을 것 같다.

"바라건대, 제가 이렇고 이런 사람이오니 부디 당신네 귀한 집안의 사위로 삼아서 받아들여주십시오!"

고구려의 신랑들은 이렇게 외쳐댔던 셈이다.

황금 캐어서 간 장가: 서동薯童

한데 매우 비슷한 이야기가 신라에서도 전해지고 있다. 그것은 『삼국유사』에 실린 '서동薯童'의 혼사에서 확인할 수 있다.

서동은 산에서 마를 캐 장에 내다 팔아 겨우겨우 생계를 이어가던 총각이다. 이때, 궁중에 선화善花라는 이름의 공주가 있었다. 한데 서동은 그가 캐낸 마로 경주 방내의 아이들을 꾀고 다녔다. 먹을거리인 마로 아이들을 매수한 셈이다. 그러면서 서동은 제가 지은 노래를 아이들에게 가르쳤는데, 그 노래란 것이 괴상했다.

　　선화공주님은

　　남 몰래 사귀어

맛둥薯童 도련님을

밤에 몰래 안고 간다

이게 어디 말이나 될 법한 일인가. 공주가 마장수 총각 놈과 어울려서는 밤에 안고, 안고 가다니? 유언비어도 예사 망발이 아니다. 헛소문 치고도 너무했다. 그러니 궁중에서도 그게 말썽이 되었다. 공주의 추문에, 스캔들에 화가 난 왕은 불문곡직하고 공주를 궁 밖으로 내쫓아버렸다.

추방을 당한 공주는 서동의 집을 찾아갔다. 노래의 내용이 드디어 맞아떨어지게 된 것이다. 그때 선화공주는 그 어머니인 왕비가 준 황금 덩어리를 내놓으면서 살림에 보태어 쓰고자 했다. 그걸 본 신랑 서동은 평소 마를 캐다가 땅속에서 그 비슷한 것을 많이 본 적이 있음을 떠올리고는 현장으로 달려간다. 바보답게 지금껏 서동은 그가 본 광석이 황금인 줄도 몰랐던 것이다.

서동은 황금을 잔뜩 캐다가는 그걸 처가인 궁중으로 가지고 가서 선물한다. 그제야 궁중에서는 서동이 보통 사람이 아님을 알고 공주와의 혼사를 인정해준다. 왕궁도 황금의 위력에 넘어간 것이나 다름없다. 그야말로 영어로 하자면 '머니 토크스Money talks'란 속담이 현실이 된 꼴이다.

이 결과로 서동은 드디어 「서동요」의 노랫말 그대로 선화공주와 어울리고 밤마다 안게 된 것이다. 거리를 헛소문처럼 떠돌던 노래가 현실이 되어 나타난 셈이다.

이 서동과 선화공주 사이의 혼사 이야기는 여러모로 온달과 평강공주 사이의 혼사 이야기와 닮아 있다. 첫째, 신랑 후보자가 별것 아닌 인물로 취급

되고 있다. 바보이거나 미천한 총각인 것이다. 둘째, 높은 신분의 신부 후보자는 그녀가 고른 신랑 후보자가 마음에 들지 않는 부모에게서 내쫓기다시피 해서는 총각에게로 간다. 셋째, 신랑 후보자는 어려움이나 시련을 겪으면서 그가 예사 사람이 아님을 증명해낸다(온달은 장수 가음, 서동은 뒤에 백제 무왕이 되었다). 넷째, 이 결과로 신부의 부모는 사위를 제대로 대우해서 받아들이고는 딸의 혼사를 흡족한 것으로 여긴다.

한데 이들 네 가지는 무엇을 의미할까? 온달이며 서동이 각기 공주를 신부로 맞아 실제로 치러냈을 혼례 절차에서 이끌어진 것에 유념하면서 이 문제를 풀어보자.

고구려의 실제 혼사를 적은 중국 측의 기록을 보면, 신랑 후보자가 신부 집을 찾아가서는 신부 집 문 앞에 꿇어앉아 수모를 당하다시피 하면서 애걸복걸, 온전한 신랑으로 받아들여주기를 간청하는 몰골이 나타나 있다. 그러면서 "저는 원체 이렇고 저런 집안의 이만저만한 신분의 사나이오니 원컨대 신부 댁에서는 이 몸을 받아들여주소서!" 하고 게게 빌고 빈 것으로 중국 측의 기록은 보여주고 있다.

이 흉측한 고구려 신랑의 몰골은 위에 보인 네 가지 항목 가운데서, 두번째를 뺀 나머지 세 가지 항목과 겹쳐 있음을 쉽사리 알 수 있다. 이것은 온달의 혼례 이야기가 그냥 이야기로 그치지 않고 실제 혼사 풍속을 많이 반영하고 있다는 것을 말해준다. 그 점은 신라 서동의 혼사 이야기도 마찬가지다. 하니까, 우리는 그전 시대의 신랑이 옛적의 온달이나 서동과 마찬가지 절차를 밟으며 장가를 들었다는 것을 알아차리게 된다. 힘들고 욕먹고 혼쭐나면서 장가들기로는 근세의 신랑 또한 다를 게 없었던 것이다.

신부 되기도 쉽지는 않았으니

옛날의 신랑은 고생바가지를 차고는 장가들고 장가갔다. 그것은 옛날 동화에 익히 잘 나타나 있다. 서구의 동화와 마찬가지로 우리 동화에서도, 주인공은 혼자 집을 나가서는 낯설고 물선 타향에서 괴물을 퇴치한다든지, 아니면 모험 끝에 귀한 물건을 얻어낸다든지 한 끝에야 가까스로 공주나 좋은 집안의 따님을 신부로 맞을 수 있었다. 이런 점에서는 고구려의 온달이나 신라의 서동도 마찬가지였다. 또 몇 세대 앞의 신랑도 마찬가지였다. 그러기에 오늘날의 신랑은 호강하면서 장가간다고 말해도 괜찮을 것이다.

그렇다면 신부는 어땠을까? 신랑만큼 혼쭐난 것은 아니지만 신부도 호락호락 쉽사리 시집간 것은 결코 아니었다. 적잖이 애먹고 힘들여서 시집을 갔다. 그나마 신랑을 맞아 제집에서 혼례를 치르는 동안에는 그런대로 귀한 대접을 받을 수 있었지만, 혼례를 마치고 신행新行 길에 오르면서부터 사정은 백팔십도 달라졌다. 앞에서 보았듯이 혼례가 치러지는 동안 신랑이 애를 먹었던 것은, 신부 측에서 신랑을 자기네 집안의 귀한 딸을 난데없이 가로채 가는 불한당쯤으로 여겼기 때문이다. 앞서 예로 든 '신랑 다루기'는 그 점을 잘 보여준다.

신부가 고향의 친정집을 하직하고 시댁을 향해 가는 신행길은 신부로서는 고생의 시작이었다.

신부가 탄 가마를 '꽃가마'라고 한다. 겉보기로는 매우 화려하다. 한데 그 안에 신부가 자리를 잡고 앉은 뒤, 가마 문은 띠로 묶여지고 만다. X자 모양으로 문이 봉쇄된 뒤에, 신부는 꽃가마를 타고 신행길을 간다. 간접적이지만 묶여 가는 것이나 진배없이 꽃 각시, 새 신부는 꽃가마 타고 간다.

전통혼례의 한 장면. 혼례를 마치고 신행길에 오르게 되면 신부는 꽃가마를 타고 시가로 가게 되는데, 이건 본격적인 시집살이의 시작이었다.

그 가마 안에 앉은 새 각시, 신부는 갇혀 있는 것이나 다를 것이 없었다.

왜 그랬을까? 폭력배가 나타나서 흉한 성희롱을 할 턱이 없는데도 어쩌자고 그랬을까? 그건 신부를 꽁꽁, 또 꼭꼭 지키자는 뜻을 갖고 있기도 했지만 그것만은 아니었다. 더한 이유가 따로 있었다. 신랑으로서는 고생 끝에, 갖은 시련 끝에 겨우 쟁취한 것이 신부였으므로, 마치 싸움에서 얻어낸 승리의 전리품戰利品 같은 것이 곧 신부였으므로, 꽁꽁 묶어 갔던 것이다.

결국 묶여서 가는 신세, 그게 바로 꽃 각시, 신부의 신행길이었다. 고추담배보다 더 맵다는 시집살이는 둘째로 치고서라도 말이다.

몸치장, 몸 둘레

뭐든 좋다.
손질 잘해서 예쁘게 꾸미고 다듬질 익히 해서 가다듬고 하는 것이 치장이다.
맵시 내고 모양 갖추어서는 보기 좋게 하는 것이 다름 아닌 치장이다.
그건 멋 부리기다.
심지어 뻐기고 우쭐대는 것도 치장일 수 있다.
기와며 짚으로 지붕을 맵시 나게 꾸미는 것은 집치장의 으뜸이다.
섬돌 다소곳한 위로 대청마루 반질반질한 것은 여간 멋 부린 것이 아니다.
하지만 집만은 아니다.
사람도 치장을 한다. 아니, 집보다도 더 한층, 더 심하게 꾸며대는 게 몸치장이다.
그것은 몸통 자체보다는 옷이며 장신구로 곱게 멋지게 치레하는 것이지만,
그러다 보면 육신도 그 덕택에 좋아 보이게도 될 것이다.
한자로는 치장을 '治粧'이라 쓰는데, '治'에는 흔히 '다스리다'는 의미가 있지만,
이런 경우는 '다듬다'는 의미로 읽는 게 좋을 것이다.
한편 '粧'은 여성이 '화장한다'는 바로 그 의미이다.
이제 우리 옛사람들이 몸치장을 얼마나 멋지게 다듬었는지를 살펴보기로 하자.

꽃신

'꽃신'이라니? 그게 뭘까? 지금은 누구도 신지 않는 신발, 이젠 잊힌 신발, 겨우 이름만 사전에 남다시피 한 신발. 그건 꽃으로 장식한 신발일까, 아니면 꽃송이의 모양새를 본떠서 만든 신발일까? 남성보다는 여성에게 더 어울릴 것 같은데, 여성도 아주 예쁜 젊은 미인의 발에 신긴 신발일까? 꽃 신이 예쁘니까, 꽃신을 제목 삼고 또 소재로도 삼은 한 편의 소설 또한 아름 답지 않을 수 없다.

신집 사람은 나를 좋아했다. 내가 울타리 높이만큼 클까 말까 했을 때 그 는 일방〔工房〕에 흩어진 줄, 끈, 바늘 따위를 치우고 나와 그의 딸의 자 리를 마련해주었다. 그가 쇠가죽 바닥에 동근 은빛 못을 박고 화려한 비

쇠가죽 바닥 위에 꽃무늬가 그려진 비단을 입
혀서 만든, 아주 고운 신이 꽃신이다. 수준
높은 손재주며 정성, 그리고 미학이 가미된
수공예의 걸작이다.

단에 풀칠하여 붙이고 신발 코에 알맞는 빛깔의 장식을 하는 것에 나는
정신이 빠졌다. 그는 언젠가 나에게 이런 말을 했다.

"네가 커서 장가들 때는 너하고 너의 신부, 중매쟁이를 위해 제일 예쁜
꽃신을 만들어 줄게."

다시 어느 날 그는 내 얼굴을 한참 보고 있다가 자기 딸을 힐끗 쳐다보며,
"상도야. 너는 얼굴이 깨끗하고 잘생겨서 장차 중매쟁이의 신발이 닳아
지지 않겠다. 그러나 신부 집 부모는 중매쟁이가 나서기를 바란단다. 그
울방울 같은 구수한 이야기가 부모들 마음을 흐뭇하게 해주거던."

그의 눈은 꽃신 쪽으로 내려갔으나, 미소를 머금은 입은 나를 향하고 있
었다. 언제나 나는 신랑 신부, 중매쟁이 얘기를 하는 그의 비뚤어진 입에
마력을 느꼈다. 그때 그는 한 달에 꽃신, 적어도 신랑 신부, 중매쟁이의
꽃신 세 켤레를 만들어 생활했다.

— 김용익, 「꽃신」 중에서

위의 글을 보면 꽃신의 정체가 웬만큼은 떠오를 것 같다. 쇠가죽 바닥 위
에 꽃무늬가 그려진 비단을 입혀서 만든, 아주 고운 신이 바로 꽃신이다. 어
쩌면 예술 작품으로 전시해놓고 감상을 해도 좋겠다는 느낌이 들기도 하는
데, 꽃신은 우리 조상이 정말로 사용했던 민속 공예 작품 중 하나다. 예사롭
지 않은, 아주 높은 수준의 손재주며 정성, 그리고 미학이 가미된 수공예의
걸작이다.

한마디로 말하자면 꽃신은 꽃문양으로 장식된 신인데, 옛날에는 가장 화
사하고 가장 값비싼 명품 신이었다. 그러기에 장가드는 신랑, 시집가는 신
부 발에서 꽃신의 아름다움은 한껏 빛났던 것이다.

앞에 인용된 소설에서 주인공 소년은 백정 집 아들인 상도이다. 그는 신집의 딸을 은근히 사랑하고 있었다. 한데 그 소녀만이 아니다. 그녀가 신은 꽃신도 무척 좋아했다.

나는 그녀의 얼굴을 생각해본 적이 없다. 다만 그녀가 신은 꽃신을 좋아했다. 그녀는 발이 부르틀까 봐 흰 버선을 신었는데 학교로 가는 길에서 나는 가끔 그녀보다 뒤져 가며 꽃신에 담긴 흰 버선발의 오목한 선과 배〔木船〕 모양으로 된 꽃신을 바라보았다. 그 선은 언제나 달콤한 낮잠을 자고 있는 느낌을 주었다. 비가 온 다음날 물이 괸 길에서 나는 그녀를 업고 넘어지지 않으려 애썼다. 그녀는 청개구리처럼 등에 꼭 매달렸는데 나는 내 허리 양켠에서 흔들리는 꽃신을 얼마나 사랑하였던가.

이렇듯이 소년은 소녀의 얼굴 생김새보다 그녀의 아버지가 손수 만들어 신긴 그 꽃신을 더 사랑했던 것이다.

하지만 소년이 백정 집 아들이란 것 때문에 모처럼 오고 간 혼담은 파탄 나고, 상도는 꽃신 신은 소녀와 영영 헤어지고 만다. 그러다가 6·25전쟁이 한창이던 무렵, 상도는 부산의 어느 장거리에서 처녀의 아버지를 다시 만나게 된다. 그는 늙고 병든 몰골로 길바닥에 꽃신 몇 켤레를 놓고는 팔고 있었다. 그러다가 그는 이내 숨지고 만다. 그러자 그의 아내가 남편이 남긴 꽃신을 파는 노점상의 처지에 떨어지고 만다.

　　부인은 내가 내놓은 지폐를 잠시 보고 신발을 싼 꾸러미를 내밀었다.

“이 돈 가지면 이제 버젓이 장사도 치르겠다.”

나는 그 꾸러미를 받지 못했다. 잠든 어린이가 꼭 쥐고 자는 버들피리를 빼앗는 것같이, 아직도 신집 사람이 꽃신을 꼭 쥐고 있는 느낌이었다. 나는 머리를 흔들고,

“당신 따님을 위해 이 꽃신을 가지시오.”

잠시 동안 그녀가 결혼했는지 어떤지를 생각했으나 이제는 다 소용없다는 것을 알았다.

그녀는 이 꽃신을 가지게 될까. 다만 그녀가 어느 곳에 있건 꽃신을 받아 주었으면 싶었다.

담요를 개켜 그 속에 돈을 넣고 꽃신이 든 꾸러미와 함께 팔에 안겨주었을 때 부인은 그것을 꼭 껴안았다가 어린애를 안고 가는 듯 머리를 약간 수그리고 걸었다.

부인은 말했다.

“그 애는 죽었다. 그 애는 지난여름 폭격에 죽었다.”

(중략)

시장 밖에는 바람이 눈을 휘몰았다. 바람에 날리지 않게 우산을 반쯤 펴서 꽃신을 가진 부인이 넘어지지 않기를 바라며, 그의 뒤를 따른다.

— 김용익, 「꽃신」 중에서

이 마지막 장면은 너무나 애달프고 서럽기가 이를 데 없다. 하지만 그 아픔 속에서도 놓쳐버린 첫사랑의 소녀에게 부치는 주인공 상도의 사랑은 꽃신만큼 아름답다. 하지만 이제 우리들 앞에서 영영 모습을 감춘 꽃신! 지금 우리는 꽃신 신은 아름다운 소녀를 다시 만날 수 없다. 뒤따라갈 수도 없다.

지금은 어느 거리에나 또각거리는 하이힐 소리만 귀에 거슬릴 뿐이다.

보, 보자기, 단봇짐, 책보

이뿐이도 금순이도
단봇짐을 쌌다네

무슨 사연이 있었던 건지는 잊었지만 이렇게 두 여인이 단봇짐을 싼다는 내용의 노래, 「앵두나무 처녀」의 한마디가 귀에 쟁쟁하다.

봇짐을 싸다! 단봇짐을 싸다!

이런 표현들은 다 같이 이제 '볼장 다 보았다'는 뜻이다. 손 떼고 마음도 떼겠다는 뜻이다. 어떻든 간에, 이젠 따지고 자시고 할 것 없이 떠나겠다는 것이다. 헤어지자는 것이다. 그것은 '봇짐 싸기'가 무언가를 마무리 지었다거나 이젠 짐을 간추려 떠날 차비를 갖추었다는 것을 의미하기 때문이다. 그런 것은 '봇짐 내어주면서 앉으라고 하다니'란 말에서도 잘 드러난다. 봇짐을 내어주는 것은 이제 떠나라는 소리와 진배없다. 그런데도 입으로는 앉으라고 하니, 그것이야말로 앞뒤며 속과 겉이 다르다는 말이다. 그러니 봇짐은 심한 경우, 이별을 의미하는 하나의 상징이나 마찬가지다.

'보따리를 푼다'는 말도 있다. 그동안 꽁꽁 숨겨두었던 무엇인가를 내보인다든가, 아니면 비로소 감추어두었던 비밀을 풀어놓는 것을 의미한다. 이럴 경우, 보나 보따리는 무엇이든 싸고 또 싸서 감싸둔다는 것을 의미하게도 될 것이다.

봇짐을 싸면 손을 끊는 게 되고, 봇짐을 풀면 속을 털어놓는 게 된다. 그러니 옛날 한국인은 그들 마음에 보를 씌우기도 풀기도 했던 것이다. '마음보'란 말도 그래서 생겨난 것인지 모르겠다.

한데 '봇짐'이란 대체 뭘까? 요즘은 흔하게 못 보니 궁금할 것 같다. 말 그대로 보로 싼 짐이 봇짐이다. 그리고 조금 작은 봇짐은 '단봇짐'이라고 불렀다.

몇 세대 전 한국인은 으레 먼 길을 떠날 때면 보따리를 들거나 이거나 했다. 물론 그 안에는 여행 도중에 갈아입을 옷가지나 가는 도중에 쓰게 될 작은 연장 따위가 들어 있었다. 대개 사내는 들거나 졌고, 여성은 머리 위에 이는 형태였다.

보따리를 싸는 보나 보자기는 크기가 다양했지만, 보통은 방석 크기만한 널따란 천이 사용되었다. 뭔가를 덮는 데도 쓰이긴 했지만 주로 여러 가지 물건을 싸는 데 썼다.

보자기는 작은 보라고 생각하면 좋을 것 같다. 보나 보자기로 물건을 싸서 꾸린 뭉치를 흔히 '보따리', 더러는 '짐보따리'라고도 일러왔다.

옛날에는 '봇짐장수'라는 상인이 있었다. '보따리장수'라고도 일컬어지는 그들은 보따리 안에 갖가지 물건을 싸서는 등에 메고 온 나라 안을, 고을마다 장터마다 누비고 다니면서 팔았던 행상꾼이다. 보부상褓負商의 보상褓商이 이에 해당된다. 오늘날 시골에 가면 상품이 가득 실린 트럭을 몰고 다니며 장사를 하는 상인을 흔히 볼 수 있는데, 이들은 보부상의 후예가 되는 셈이다.

한데 봇짐장수도 아니고 보부상도 아닌 터에 거의 매일 등에다 봇짐을 메고 다닌 패가 또 있었다. 학교 다니는 꼬맹이들이 바로 그들이다. 옛날의 어린 학생은 흔히 그 작은 키의 좁은 등에도 짐 보따리를 메고 학교에 다녔다. 어깻죽지에 비스듬하게 메어진 작은 봇짐! 겹겹이 동여매인 그 보자기의 가운데쯤은 사각형으로 두둑해 보였는데, 모양새로 보아서는 책이나 공책일 게 틀림없었다.

그렇다! 바로 그게 책보, 또 다른 말로는 책 보따리다.

몇 세대 전, 초등학교 학생들은 책 보따리를 등허리에다 메고 다녔다. 그런 모양으로 걷기도 하고 뛰기도 했다. 걸을 때는 얌전히 붙어 있었지만, 날렵하게 뛸 때면 등허리의 책 보따리가 들썩거리곤 했다. 철썩! 철썩! 그게 재미나서 학생들은 더 한층 날래게 뛰고 달렸다. 그렇게 책보와 어우러져서 기를 돋우고 기분을 내고 나면, 그 책보에서 꺼낸 책이 더 친숙하게 느껴지기도 했다. 다른 학년도 그랬겠지만, 일학년 신입생 때는 유달리 그랬다. 책 보따리를 등허리에 메고 뛰는 재미에 학교 다니기가 그렇게 신날 수가 없었다.

그렇게 들썩대던 책보며 책 보따리가 이젠 모두 어디로 사라졌을까? 교실 안에 풀어놓고는 영영 잊어버리고 만 걸까? 아쉽다. 이젠 어깨에서 백bag과 색sack 따위, 이름도 서툰 것이 책보를 밀어냈다. 뿐만 아니라, 이젠 아예 보나 보따리 자체가 없어지고 만 것 같다. 보따리가 스스로 보따리를 싸고는 어디 먼 곳으로, 까마득한 외지로 가버린 것일까?

깜장 고무신1: 꼬마 머리 위에서 빛나던

  여름 날 아침, 해가 뜬 지 그다지 오래 되지 않은 시골길을 웬 꼬마가 걸어가고 있다. 오가는 사람이라곤 거의 없다시피 한 호젓한 길이라 발자국 소리가 꽤나 싱그럽다. 길가 나뭇가지에 앉아서 지저귀는 까치 울음과도 멋지게 어울린다.

등에 책보를 지고 있는 모습으로 보아서는 학교에 가고 있는 게 분명하다. 읍내에 있는 학교까지, 십 리도 넘게 먼 거리를 가는 게 아니라면 이토록 일찍 집을 나섰을 턱이 없으니까.

그러다가 녀석은 문득 풀피리를 꺼내 입에 문다.

'피릴리리, 피릴리리!'

날카롭고도 싱그러운 가락을 따라 그의 발걸음에 더 한층 기운이 오른다. 이내 행진이라도 하듯 걸음걸이가 우쭐댄다. 그런데 왼쪽 오른쪽 번갈아서 올려 세우는 다리 끝에서 무언가 검은 빛으로 빛나는 것이 있다.

깜장 고무신. 바로 어제 장에 갔던 어머니가 벼르고 별러서 모처럼 사다 준 것이다. 그의 발걸음은 깜장 고무신을 돋보이게 하기 위해 기를 쓰고 있는 게 분명하다. 한 발 한 발, 그걸 내려다보는 그의 눈빛이 어리어리하다.

녀석은 그렇게 당당하게 또 우쭐대면서 행진을 계속한다. 그러다가 어느 지점에서 문득 신을 벗어 든다. 두 손에 한 짝씩, 귀한 물건을 받들 듯이 하고는 양말도 신지 않은 맨발로 걷기 시작한다. 그러더니 웬걸, 깜장 고무신을 엎어서 머리에 이고 걸어간다. 그런데 이젠 걸음걸이가 조금씩 비틀대고 꼬이기 시작한다. 길바닥에 깔린 뭔가를 피해서 가는 눈치인데, 때로는 엉금엉금 발걸음을 옮기기도 한다. 그럴 적마다 걸음새가 우줄우줄, 어기적거린다. 꿈틀대기도 한다.

그렇다. 그 꼬마 녀석은 자우룩하게 자갈이 깔린 길을 가고 있었던 것이다. 한데 왜, 어쩌자고 신발을 벗고는 맨발로 걸었던 걸까? 자갈이나 뾰족

장에 갔던 어머니가 벼르고 별러
서 모처럼 사다 주신 깜장 고무신.
거친 길에선 닳거나 상할까 봐 벗
어서 들고 다녔다. 몇 세대 전엔
그랬다.

한 돌멩이를 밟을 적마다 맨발바닥이 쓸리고 찔리고 해서 여간 아픈 게 아니
었을 텐데도 그걸 마다 않고는 맨발로 걸었던 걸까? 무슨 지압이라도 받자
는 것이었을까? 설마!

아무튼 녀석은 옆에서 지켜보고 있는 사람의 눈길은 아랑곳없이 한참 동
안 그런 걸음을 쳤다. 이따금 발바닥이 따가운지 멈춰 서서는 다리를 들어
올려 손바닥으로 발바닥을 어루만지기도 하면서 내처 걸어갔다. 그러다가
돌길이 끝나고 비교적 고운 자갈이 깔린 길에 다가서자 그제야 두 손에 모셔
받들다시피 하고 있던 깜장 고무신을 내려놓고는 두 발에 꿰찼다. 그러곤,
사뿐사뿐! 아장아장! 귀여운 걸음걸이를 치기 시작했다.

아니, 이게 웬일? 무슨 일이람? 곡절이 궁금했다. 바닥이 고운 모랫길에
서는 신을 신고, 거친 돌길에서는 벗어 들다니? 그것도 모자라서 머리에 모
셔서 이다니? 영문을 알 수가 없었다. 제대로 하자면 그와는 거꾸로 해야 정
상일 텐데? 한참 동안 궁리를 해보았다. 그 끝에 겨우 수수께끼가 풀렸다.

'아, 그랬구나!'

꼬마는 모처럼 벼르고 별러서 가까스로 어머니가 사다 주신 깜장 고무신을 아끼자는 것이었다. 돌길에서 그 보물을 신으면 바닥이 닳고 상할 게 분명하니까 벗어서 머리에다 모셔 받들었던 것이다. 그러다가 모랫길이나 풀이 듬성듬성 나 있는 길에서는 그 귀물이 안 닳을 테니까 그제야 신고 걸었던 것이다.

그렇게 궁리가 끝났을 무렵, 그가 다시 깜장 고무신을 벗었다. 이번에는 아예 처음부터 머리에 이고 걷기 시작했다. 뒤에서 그걸 지켜보는 사람의 눈에 눈물이 어렸다. 두 손 위로 올려서 붙잡은 깜장 고무신이 비틀비틀 걸어가는 녀석의 머리 위에서 빛나고 있었다. 마침 내리 쏟아지는 햇살을 받아서 깜장 고무신은 흑진주처럼 눈부셨다.

깜장 고무신2: 목숨보다 더 귀한

한데 빛나는 깜장 고무신 말고, 귀하고도 또 귀한 깜장 고무신 이야기 하나가 기억난다. 그 이야기는 6·25동란 직전이거나 직후, 경남 거창에서 멀지 않은 덕유산 인근에서 있었던 일이다. 그곳은 공산당 유격대가 날뛰기로는 지리산과 맞겨룰 만한 곳으로, 그 깊디깊은 산골은 이른바 빨치산의 주요 활동 무대였다.

십여 년 전, 내가 덕유산으로 현지답사를 갔을 때 안내자가 산골 깊은 속을 뒤지다시피 안내해주었다. 그는 빨치산 토벌대원으로 공을 세웠던 사람이어서, 덕유산 지리에 아주 밝았다. 그는 직접 보고 겪은 것에 대해 구석구석 샅샅이 안내해주었다.

오전 내내 한참을 헤맨 끝에 그는 나를 어느 바위 앞으로 데려갔다. 산 중턱의 비탈진 언덕바지 밑에 우뚝 불거진 제법 큰 바윗덩이였다. 그러나 그 외에는 별로 눈에 띄는 게 없었다. 나는 궁금했다. 바위 자체에 얽힌 무슨 곡절이 있나 보다 생각하고는 안내하던 사람의 얼굴을 쳐다보았다.

한데 그게 아니었다. 얼핏 보아서는 나무에 가려 눈에 잘 안 띄는 바위틈을 가리키면서 그가 손짓했다. 사람 하나 간신히 비껴 들어갈 만큼만 벌어진 틈이었다. 그는 몸을 굽히고는 아래쪽의 비교적 넓은 틈서리로 머리를 디밀고 안을 살피는 눈치였다. 그러고 나선 목을 빼더니 내게 들어가보라고 말했다.

나는 그가 하던 대로 허리를 굽혀서는 큰절이라도 하듯 틈서리를 비집고 들어갔다. 한데 뜻밖에도 안은 널찍했다. 웬만한 한 칸짜리 방 정도. 조금 어둑하긴 했으나 틈새로 들어오는 햇살 덕에 그 공간이 눈에 익는 데는 별로 시간이 걸리지 않았다.

그때, 밖에서 그가 소리쳤다.

"굴 뒷벽에 기대 서보세요. 그리고 정면을 찬찬히 살펴보세요. 정면 바위 벽의 조금 납작한 윗머리의 선반같이 생긴 곳에 뭔가 꺼먼 게 보일 겁니다."

그가 일러주는 방향으로 머리를 돌렸더니 정말로 뭔가 가뭇한 게 보였다. 그가 굴 앞을 가리고 있던 나뭇가지 꺾는 소리가 들리고 나선 굴 안이 좀더 환해졌다.

"이제 잘 보세요, 그게 뭔가."

엷은 빛살에 드러나 보인 것은 깜장 고무신이었다. 빛깔이 엷어지고 모양새가 낡아서 찌들어 있었지만, 검은 빛의 고무신인 것은 금세 알아볼 수 있었다. 한데 그게 짝짝이였다. 신은 분명 한 켤레인데, 신짝의 크기는 서로

벼르고 별러서 사들였던 깜장 고무신 한 켤레.
짚신만 신어대던 처지에 이걸 사다놓고 얼마
나 귀하고 소중하게 여겼던가.

달랐다.

이상한 느낌이 들었다. 닳고 시달리고 하면서도 무슨 사연으로 저기 저렇게 덩그러니 남겨져 있는 걸까? 그걸 신었던 사람은 어떻게 되었을까? 궁금증이 꼬리를 물 때 그가 좁은 굴 안으로 들어왔다. 그러고는 내가 기대 서 있던 바위 벽 아래쪽에 의자처럼 푹 팬 곳에 가서 앉았다.

"여기 이렇게 앉아서 죽어 있었습니다. 그 고무신을 올려다보는 듯한 자세로 숨져 있었습니다. 총은 바닥에 내던져져 있었고요."

어리둥절해진 나는 누굴 말하는 거냐고 물었다.

"누구겠어요. 빨치산이지."

그 대답에 이어 그가 차근차근 이야기를 늘어놓았다.

이 근방을 뒤지고 다니던 지역 출신의 토벌대는 이 바위굴이 미심쩍었다. 바깥도 안도 쥐 죽은 듯 조용했지만, 어쩐지 느낌이 이상했다. 아니나 다를까, 굴 앞을 자세히 살펴보니 희미하게나마 사람 발자국이 굴 안팎으로 나 있었다. 토벌대는 안을 향해 무턱대고 총을 쏘아댔다. 안에서도 이내 응사가 있는가 싶었는데, 이내 조용해졌다.

토벌대는 총격을 조금 더 계속했다. 그래도 반응이 없자, 그들은 안으로 조심조심 들어가보았다.

거기, 낡은 바지저고리 차림의 젊은이가 바위에 기댄 채로 죽어 있었다. 산자락의 마을에 살고 있던 낯익은 사내였다. 좌익이니 우익이니 하는 따위와는 애초에 무관한 가난한 농사꾼이었다. 어쩌다가 잘못되어서 빨치산에 끌려왔다가 낙오해서는 혼자 굴속에 숨어 있었던 모양이었다.

이야기를 마친 과거의 토벌대원은 새삼스레 깜장 고무신을 매만졌다.

"가엾은 것! 죽어가면서도 이건 남겨두고 간 겁니다. 그 사람은 이걸 제

목숨보다 더 아꼈을지도 모릅니다."

언제 어떻게 죽게 될지 모르는 다급한 상황 속에서도 깜장 고무신을 벗어 바위 시렁 위에 따로 챙겨둔 그 사내. 가난에 쪼들리던 중에 벼르고 별러서 용케 사들인 깜장 고무신 한 켤레! 짚신만 신어대던 처지에 그 깜장 고무신 한 켤레를 사다놓고 얼마나 귀하고 소중히 여겼던 것일까.

눈물 적셔지곤 하던 옷고름

지금 우리가 입는 옷에는 옷고름이 없다. 어쩌다 옷고름이 눈에 띈다고 해도 그건 매우 드문 편이다. 이제 매고 풀고 할 옷고름이 없다. 곱게 치렁대고 아리땁게 살랑대던 그 옷고름은 없다.

> 정든 님이 오시는데 인사를 못해
> 행주치마 입에 물고 입만 벙긋

「밀양 아리랑」의 이 구절을 듣게 되면 누구나 입을 방긋할 것이다. 한데 이 노래의 '행주치마' 자리에 '옷고름'을 넣으면, 더 한층 멋스러워지는 게 아닐지 모르겠다.

> 정든 님이 오시는데 인사를 못해
> 옷고름 입에 물고 입만 벙긋

옷고름, 그중에서도 여자아이 또는 처녀의 옷고름은 이런 노래에 딱 어울리는 소품이다.

한복 저고리 앞가슴의 왼쪽과 오른쪽에 매달린 고름은 말할 것도 없이 저고리를 여미는 용도로 쓰였다. 안고름도 있는데, 그건 저고리 안쪽에 붙어서 거듭 가슴 앞섶을 여미는 구실을 했다. 그리고 바깥 고름은 오른쪽의 긴 고름과 왼쪽의 짧은 고름으로 되어 있다. 긴 고름으로는 동그마하게 작은 고름을 접고 짧은 고름으로는 그것을 휘감아서 동여매게 되어 있는데, 그 매듭이 어울린 모양은 마치 꽃송이를 닮아 있었다.

곱게 늘어져 있기도 하고 바람결 따라 나풀대기도 하는 옷고름의 빛깔은 곱디곱다. 빨강, 노랑, 자주색이 많았는데, 그런 중에도 가령 분홍 저고리에 자주 옷고름이면 그 색의 조화가 여간 멋진 게 아니다. 그것은 커다란 꽃송이에 아기자기한 꽃술이 설레는 것을 닮았다.

한데 옷고름은 저고리의 치장에, 혹은 매듭을 엮는 구실로만 끝났던 게 아니다. 색시는 기쁠 때면 손으로 옷고름을 흔들며 웃었고, 소녀는 부끄럼을 탈라치면 옷고름을 입에 문 채로 고개를 숙이곤 했다. 그리고 처녀가 울음 울 때면 옷고름을 가져다가 눈물을 닦기도 했다.

그래서도 옷고름은 젊은 여인네 또는 어린 여성의 가슴과 마음을 울리는 가락이 되기도 했던 것인데, 이제 그 저고리 옷고름은 사라지고 없다. 아리따운 여인네의 감정의 무늬를 비쳐줄 고름도 함께 사라지고 없다.

통치마, 풀치마

세상이 달라지니 당연히 옷치장이며 차림이 달라지고 의상도 변화했다. '의상衣裳'이란 말부터가 이전 세대에는 안 쓰이던 말이다. 여성은 그나마 나은 편이다. 명절이나 무슨 경사가 있을 때, 여성은 더러 한복 차림을 하고 나서지만 남성은 한복 입고 치장하는 일이 거의 없다시피 되고 말았다.

서너 세대 전만 해도 한복을 입는 일은 흔했다. 여성이 특히 그랬다. 돌이켜 보면, 참 묘한 일이다. 여성이 정장으로 한복을 고루 갖춰 입는 일은 대단히 복잡하고 까다로운 일이니까 말이다. 위로는 겉저고리 아래에 속저고리를 받쳐 입어야 했다. 아래로 내려오면 한결 더 단단히 챙겨야 했다. 속바지에다 속치마를 받쳐 입어야 했으니 여성의 아랫도리 차림은 첩첩이 겹쳐진 셈이다. 뿐인가? 겨울철의 한복은 속속곳을 입은 위에 고쟁이를 입고 다시 그 위에 단속곳을 입고서야 치마를 입을 수 있었다. 속치마와 겉치마가 따로 있었으니, 자그마치 다섯 겹으로 아랫도리를 휘감아야 했던 것이다.

왜 그랬을까? 그것은 여성의 몸을 잘 관리해서 지키는 구실을 하기도 했을 것이다. 하지만 다른 의미도 있었을 것 같다. 그것은 여성을 칭칭 휘감아서 옭매는 의미로도 쓰였을 성싶다. 그것은 남성 중심의 조선 사회에서 여성을 꼼짝없이 구속했던 것과 그 맥이 닿아 있다.

그런 지경이니 여성에게는 치마의 종류도 적지 않았다. 통치마가 있는가 하면, 풀치마도 있었다. 두 가지 모두 여성의 하체에 덧두르는 것으로는 다를 바 없었다. 통치마는 정말로 통처럼 생겼는데, 전체가 둥근 모양으로 되어 있어서 그저 바지 꿰입듯이 편하게 껴입기만 하면 그만이었다. 이 치마는 나풀대는 일이 없으니 일하는 데 방해가 되지도 않았다. 말하자면 통치마는 요즘의 작업복 바지나 크게 다를 것 없었다.

이에 비해 풀치마는 좌우 양쪽으로 단이 접혀 있어서, 둘러 입게 되어 있는 간편한 치마다. 한 폭의 널따란 천으로 아랫도리를 휘감듯이 하는 것이기에, 풀치마 또한 통치마와 다를 바 없이 단출했다.

통치마나 풀치마나, 둘 다 쉽게 입고 쉽게 일할 수 있는 가장 흔한 일상용 한복이었던 셈이다. 그러나 요즘 유행하는 치마라고는 짤막한 스커트가 대세일 뿐, 통치마도 풀치마도 지금 세상에는 자취를 감추고 말았다.

댕기, 댕기 머리

댕기 머리, 그게 뭘까? 댕기라는 물건의 머리를 가리키는 말일까 싶지만, 아니다. 댕기 머리는 곱고 예쁘게 땋아 내린 머리를 말한다. 요즘의 파마 머리라든가 레게 머리, 웨이브가 들어간 머리 같은 거라면 쉽게 알아들을 텐데…… 아무튼 댕기 머리도 그런 헤어스타일의 일종이라고 생각할 수 있다.

옛날 여자아이들은 뒷머리를 땋았다. 둘 이상의 실이나 머리카락 등의 가닥을 서로 엇걸어서 짜고 엮어서 한 가닥이 되게 하는 것을 땋는다고 말한다. 한두 세대 전의 소녀나 처녀는 으레 뒷머리를 두 가닥이나 한 가닥이 되게 땋았다. 엄마나 철든 언니가 뒷머리를 그렇게 땋아주었다.

귀염둥이 딸애가 등을 돌리고는 엄마 앞에 앉는다. 무릎에 편하게 앉을 수도 있다. 엄마는 우선 그 아이의 뒷 머리칼을 빗으로 빗겨준다. 처음엔 빗살이 굵고 성긴 빗으로 빗겨주다가 나중엔 살이 가늘고 촘촘한 빗으로 다시

한두 세대 전의 소녀나 처녀는 으레 뒷머리를 두 가닥이나 한 가닥이 되게 땋았다. 그런 뒤에 머리칼 끝에 댕기를 들이곤 했다.

빗겨준다.

그러는 동안 엄마는 애기가 귀여워서 못 견딘다. 정성 들여서 머리칼 손질이 끝나면 이제 다음 차례다.

뒷머리의 머리칼을 엇걸어서는 한 가닥으로 엮는다. 그 머리칼의 다발이 머리 뒤통수로부터 어깨를 넘어서는 등판 중간쯤까지 늘어지도록 한다. 이렇게 머리 땋기를 할 때, 댕기가 단단히 한몫했다.

흔히 머리칼과 끝에 매달아 댕기와 머리카락을 한 가닥으로 잇는데, 이를 '댕기 들인다'고 했다. 댕기는 보통 자주, 분홍 등 고운 빛깔의 천으로 만들었는데, 까맣게 윤기 나는 머리칼과 잘 어울렸다. 댕기 머리를 한 여자아이가 뛰면 그 댕기가 머리 다발과 어울려서 나풀대고 출렁댔다. 등판에서 한들한들 춤을 추기도 했는데, 그게 여간 신나 보이는 게 아니었다.

그래서도 소녀가 약동하는 모습으로 춤판을 벌일라치면 아리땁고 귀여운 여자아이의 가슴이 울렁이는 것만큼이나 댕기 머리도 함께 멋진 춤판을 벌이 곤 했던 것이다. 그런데 윤기 나는 까만 머리 다발과 어울린 분홍 또는 자주 빛의 댕기는 어디로 사라져버린 걸까? 추억 저 너머에서 아물거릴 뿐이다.

그 애틋한 먹을거리, 군것질거리

세상 달라지니 입이 달라졌다. 시대가 바뀌니 먹새가 바뀌었다.
입 달라지고 먹새 바뀌니 먹을거리 또한 판이하게 달라지고 또 바뀌고 말았다.
후다닥! 인스턴트식품이 날뛰고 있다. 얼렁뚱땅! 패스트푸드가 설쳐대고 있다.
매일 먹고 마시는 음식이 도거리로 변해버렸다.
도그 푸드라니? 그건 말 그대로라면 무슨 개가 먹는 먹이던가?
이제 우리의 입이 어제의 입이 아니듯이 지금 우리의 혀는 지난날의 혀가 아니다.
입 달라지고 혀 바뀐 세상!
그러니 사람도 달라져 있을 것 같다.
하지만 한때, 우리들 입과 혀에 사무친 것, 코에 어린 것,
그래서는 가슴에 서려 쉽게 잊히지 않는 그리움들을 여기 모았다.

지금도 침 흘리게
만드는 것들

구워 먹었던 것들: 밤, 고구마, 감자, 콩 등

호되게 추운 겨울밤, 어머니는 나들이 나가고 없었다. 어린 오라비와 누이 단둘이서 집을 지키고 있었다.

매서운 바람을 헤집고는 벌벌 떨면서 밤과 바늘과 덕석자리 얹힌 지게가 찾아들었다.

"아이고, 추워 죽겠네. 어디 따뜻한 곳에 좀 재워다오."

아이들은 그들을 부엌으로 데려갔다. 밤은 아궁이 속, 잿더미 바닥에 눕게 했다. 군불 지피고 난 뒤라 사뭇 따뜻했다. 차가운 바늘은 아궁이 앞에 눕게 했다. 지게는 부엌 벽에 기대어 잠들 수 있게 해주었다.

얼마나 지났을까. 그날 밤, 호랑이가 나타나서는 아이들을 잡아먹자며 덤볐다. 잔칫집에 가 일을 거들어주고는 묵을 얻어 오던 어머니를 길에서 잡아먹고 난 뒤의 일이었다.

남매는 얼결에 꾀를 냈다. 으르렁대는 호랑이 녀석에게 말했다.

"우릴 잡아 잡수세요. 하지만 먼저 물을 마셔야지요. 부엌에 가시면 솥에 더운 물이 있습니다. 잡숫고 오셔요."

호랑이는 부엌으로 갔다. 그러고는 물을 마시려고 가마솥 뚜껑을 열려고 허리를 굽혔다. 그러자 난데없이 아궁이 속의 밤알이 '펑!' 하고 터졌다. 잿더미 속에서 달구어진 때문이었다. 뜨거운 재가 솟구치면서 호랑이 눈알을 휘갈겼다.

"앗 뜨거!"

호랑이는 눈을 앞발로 싸안고는 뒹굴었다. 이때, 아궁이 앞에 깔려 있던 바늘들이 호랑이의 온몸을 할퀴고 들었다.

"아! 따가워, 앗! 아파."

호랑이는 피를 흘리면서 나뒹굴었다. 금방이라도 아파서 죽을 것 같았다. 그 소동에 지게에서 떨어진 덕석자리가, 아파서 사지를 뻗고 뒤척이는 호랑이를 두르르 휘감았다. 그러고는 펄쩍 뛰어 지게 위에 올라탔다.

호랑이가 휩싸인 덕석자리를 실은 지게는 부엌문을 열고는 뚜벅뚜벅 밖으로 나갔다. 길 건너 저만큼 가서는 덕석자리에 휩싸인 호랑이를 깊은 강물에 내던졌다.

풍덩! 철썩!

덕석에 싸인 채 피 흘리던 호랑이는 그만 물귀신이 되고 말았다. 밤과 바늘과 덕석자리와 지게는 그 뒤 아이들과 사이좋게 잘 살았다.

 가슴이 후련해지는 이야기다. 그중에서도 호랑이를 처치한 일등 공신은

고구마의 진미는 구워 먹을 때 나타난다. 뜨거운
껍질을 벗기며, 후후! 입김을 불며 식혀 먹어야 제
맛이 났다.

아무래도 밤이다.

한두 세대 전만 해도 밤은 소중한 먹을거리였다. 그만큼 쓰임새도 많았다. 혼례를 올릴 때 신랑 신부는 밤알을 두고서 사랑을 다짐했으며, 조상들께 바치는 제사상에서도 밤은 큰 몫을 맡아 했다. 그런가 하면, 밥에 놓아 먹기도 하고 밤떡을 만들어 먹기도 했다.

하지만 아이들의 군것질거리로 밤은 여간 귀한 게 아니었다. 아이들은 밤나무에서 밤송이를 직접 땄다. 늦가을이 되면 밤송이는 비쭉하게 입을 벌렸다. 갈색의 잘 익은 밤이 조금 내보이는 것이다.

"와, 밤 익었다!"

대나무 작대기로 밤나무 가지를 후려치면서 두들겨댔다. 밤송이가 떨어지는 틈틈이 밤알도 쏟아져 내렸다. 더러 박박 깎은 맨머리에 가시 돋은 밤송이가 내리꽂히면, 아이들은 따가워서 못 견뎠다.

떨어진 밤송이는 꼬챙이로 두들겨서 밤알을 털어냈다. 수북하게 밤알이 거두어지면, 보기만 해도 절로 입맛이 다셔지곤 했다. 그래서는 구미가 돌으면 밤을 구워 먹었다. 칼로 껍질에 흠집을 내고는 질화로의 숯불이나 아궁이의 잿불에다 묻어 구웠다.

노르스름하고도 까뭇하게 익은 밤 맛이라니! 구수하고도 달콤했다. 오돌오돌 씹히는 맛도 여간 아니었다. 형제나 친구끼리 두셋만 모이면, 그만 잔치판이 벌어지곤 했던 것이다. 그렇게 잿불에 구운 밤은 아이들 입을 즐겁게 만들었다.

한데 잿불이나 숯불에 구워서 맛나기로는 밤뿐만이 아니었다. 군고구마며 구운 감자며 구운 콩은 아이들에게 여간한 군것질거리가 아니었다. 아이들은 직접 구운 고구마와 감자의 껍질을 벗겼다. 손가락 끝이 뜨거워서 따

맛보다 먼저 냄새가 신났던, 숯불이나 잿불에 올려
구워 먹던 밤, 감자, 고구마, 콩 들은 이젠 구워서
먹지 않게 되었다. 입맛도 달라지고 말았다.

끔거리는 것도 재미였다. 후후! 입김을 불면서 물면, 혀끝이며 온 입안이
후끈댔다. 그게 바로 구운 고구마며 감자 먹는 재미다. 그중에도 콩은 좀 별
났다. 콩을 콩깍지째 통으로 숯불이나 잿불에 올려서 구우면, 이내 속 알맹
이가 노릇노릇 익었다. 구수한 냄새가 맛보다 먼저 아이들을 신나게 했다.

그런데, 그 모든 구운 먹을거리는 어디로 사라졌을까? 밤도 고구마도 감
자도 콩도 있긴 하지만, 그것들을 먹는 방식은 아주 달라지고 말았다. 아무
도 숯불이나 잿불에 직접 굽지 않는다. 그래서 불기운 가시듯 그것들의 입
맛도 달라지고 말았다.

사냥해 먹었던 것들: 참새, 꿩, 토끼

새나 들짐승, 산짐승을 산 채로 잡는 게 사냥이다. 새로는 참새며 꿩, 들 짐승이나 산짐승으로는 토끼, 노루 따위의 사냥이 행해졌다.

사냥하는 일은 사냥질이라고 했다. 사냥하는 사람은 사냥꾼, 사냥하는 곳은 사냥터다.

노루 사냥질은 포수가 총으로 했다. 그건 애들이 할 게 못 되었다. 애들이 하는 사냥으로는 주로 토끼와 참새, 꿩 사냥 같은 것이었다. 그중에도 사냥이라고 큰소리 칠 것도 없는 참새 잡기가 애들의 몫이었다.

옛날, 넓은 뜰 안의 한쪽에 참새 사냥터가 마련되었다. 제법 큰 광주리를 꼬챙이로 바쳐서 한쪽이 들리게 해둔다. 그 아래 땅바닥에는 콩이나 옥수수 따위의 곡식을 뿌려놓고, 꼬챙이에는 긴 줄을 묶어 멀찍이 떨어져서도 잡아챌 수 있도록 해둔다. 시간이 얼마나 지났을까, 참새들이 모이를 먹겠다고 광주리 밑으로 모여들기 시작한다.

바로 그때다. 아이들은 꼬챙이에 묶인 줄을 냅다 잡아챈다. 그 순간 광주리가 새들을 덮어버린다. 새들은 보기 좋게 가두어지고 만다. 이로써 참새 사냥은 대성공이다.

그러나 꿩이나 토끼는 그렇게 사냥하기엔 몸집이 크다. 다른 사냥 재주를 부려야 했으니, 미끼로 꾀어 잡는 것이 그 방법이었다. 우선 칼로 후벼서 콩에 작은 구멍을 낸다. 거기다가 독약을 넣고는 꿩이나 토끼가 나도는 곳에다 뿌려둔다. 그걸로 꿩 사냥, 토끼 사냥을 위한 준비는 끝난다. 이제 남은 일은 잡은 사냥감을 먹는 것뿐이다.

참새는 군참새라고 해서 불에 구워 먹곤 했다. 꿩 역시 구워 먹기도 했지만, 그보다는 탕을 만들어 먹는 것이 제격이었다. 닭매운탕 아닌 꿩매운탕은 그 구수한 맛이 일품이다. 하지만 토끼는 이와 달랐다. 불에 살짝 그슬려서 털을 뽑고는 '토끼 바비큐'를 만들어 먹었는데, 이건 옛사람의 입맛을 돋우는 별식 중에도 별식이었다.

그러나 이제는 참새나 꿩, 토끼 따위를 사냥하는 모습을 찾기 어렵다. 덕택에 이들은 태평성대를 누리고 있다. 더불어 이들 사냥거리에 대한 미각은 우리 입에서 영영 멀어지고 말았다. 그래서 일부 포수의 야생 조수 사냥 말고는 지금으로서는 사냥이란 말도 귀에 설게 되고 말았다.

서리해 먹었던 것들

서리가 뭘까? 한겨울에 내리는 그 서리라면 몰라도 먹는 것과 관련된 서리라니? 고개를 갸웃거리게 되지 않는가?

좀 험하게 말하면, 서리는 도둑질이다. 남의 물건을 주인 몰래 훔치는 짓이다. 그런데도 굳이 서리라고 했지, 도둑질이라고 부르지는 않았다. 훔치기는 했어도 별로 큰 죄가 되지 않는 묘한 도둑질이 서리였다. 밤에 남의 집에 몰래 들어가서 돈이며 귀한 물건을 훔쳐내는 것과는 판이하게 다른 게, 다름 아닌 서리였던 것이다.

서리는 꼭 먹을거리에 한정되어 있었다. 그것도 밭에서 키워낸 채소나 과일 등에만 관련되어 있었다. 그것을 주인 몰래 챙겨 나오되, 그 숫자도 아주 적었다. 왕창 훔쳐내는 것이라면 그때나 지금이나 도둑질이 되고 말 테니까. 해서 서리라고 하면 장난이 반, 놀이가 반이었다. 전문적으로, 벼르고 별러서 하는 도둑질이 아니었다.

한여름 밤, 아이들은 이웃 마을의 참외밭에서 서리를 하기로 마음을 먹는
다. 마침 구름 새에 달이 가려진 어둠을 틈타 아이들은 넓은 참외밭으로 기
어 들어간다. 전쟁터에서 병사들이 적진을 향해 포복해 다가가듯이 말이다.

원두막이 저만큼 어둑하게 보인다. 인기척이 없는 걸 보면 주인은 원두
막 바닥에 누워 있는 모양이다. 옳거니, 꼬마들은 참외밭 안쪽 깊숙이 기어
들어간다. 그리고 손으로 참외 줄기를 더듬어 참외 몇 알을 딴 뒤, 미리 챙
겨 온 기다란 포대에다가 밀어 넣는다.

한데 여름이라지만 한밤이라 제법 바람이 차갑다. 한 녀석이 기어이 '콜
록' 하고 기침을 토하고 말았다. 원두막에 누웠던 주인이 깜짝 놀라 벌떡 일
어난다. 공교롭게도 구름을 벗어난 달빛에 그만 서리꾼들의 모습이 드러나
고 만다.

"이놈들!"

참외밭 주인의 호령 소리가 쩌렁쩌렁 울린다.

아이들은 날 살리라고 냅다 뛴다. 하지만 어른의 뜀질을 당할 수는 없다.
추격자와 도망자의 거리가 좁혀진다. 야단났다. 그러나, 잡히기 직전 바로
그때, 아이들은 참외를 따서 챙겨 넣은 그 긴 포대를 휘둘러댄다. 포대가 뱅
글뱅글 돌아친다.

'그래, 우릴 잡을 테면 잡아보라지. 이 포대가 당신 머리에 부딪히면 참
외가 박살나면서 당신 머리통이 무사할 것 같은가!'

그게 꼬마 서리꾼들의 작전이다.

'이런 별난 녀석들을 봤나?'

한여름 밤, 예전의 아이들은 동네 과수원에서 참외
나 수박 따위를 곧잘 서리해다 먹었다. 물론 별러
하는 도둑질은 아니었고, 장난 반 놀이 반이었다.

추격자는 포기하고 만다. 아이들의 서리 작전은 마침내 성공을 거둔다.

이 사연은 남의 물건을 훔쳐내는 것 치고는 너무나 재미나다. 서리꾼의 재치가 달빛 속에서 빛난다. 하지만 이 통쾌한 사연은 이젠 다시 되풀이될 가망이 없다. 서리도 서리꾼도 모두 누구에게 도둑맞은 걸까? 아니, 서리를 맞은 것일지도 모르겠다.

누룽지

하늘천 따지

가마솥에 누룽지

달달 긁어서

네 먹고 나 먹고

옛날 아이들은 이렇게 『천자문』을 두고 빈정댔다. 그것도 서당을 다니는 학동學童들이 그랬다. 『천자문』에 버젓이 '하늘 천天 따 지地 검을 현玄 누를 황黃'이라고 적혀 있는데도 그랬다. 천 개의 글자 전체를 곧이곧대로 외우기에 진력이 나면 이처럼 말장난을 친 것이다. 요즘 같으면 '패러디'라고 해도 괜찮을 것 같다.

천지현황天地玄黃을 비롯해서 모두 천 개나 되는 글자를 대여섯 살쯤 된 꼬맹이들이 외워서 읽고 쓴다는 것은 여간 힘겨운 일이 아니었다. 그러자니 절로 장난기가 발동하고 꾀를 부리게 된 것이다. 그러나 까다로운 한자를 외우던 입에 누룽지가 물리면 어땠을까? 산과 바다의 진미들, 온갖 맛나는 음식을 다 먹어보아도 그만하지는 않았을 것이다. '살았다' 싶었을 것이다.

그런 게 '누룽지' 혹은 '눌은밥'이다. 옛날 주부들은 부엌에서 밥을 지었다. 아궁이에 올려진 무쇠 가마솥에 쌀을 안친다. 거기에 한참 불을 지피면 쌀이 익어 밥이 된다. 솥뚜껑 새로 김이 모락모락 새어 오르면 한참을 그대로 둔다. 밥에 뜸이 들어야 제대로 된 밥맛이 나기 때문이다.

한데 그러는 사이에 가마솥 바닥에는 누룽지가 눌어붙게 된다. 노랗고 조금씩 거뭇거뭇 하도록 눌은밥이 눌어붙는다. 솥뚜껑 새로 그 구수한 냄새가 번지면, 그때를 맞추어 밥을 푸게 된다.

주부는 식구들 머릿수대로 그릇에 밥을 담는다. 그렇게 솥에서 밥을 다 들어내면, 이제 솥 바닥에 누룽지가 보이기 시작한다. 누르스름하면서 구수한 냄새가 코를 찌른다. 주부는 큰 숟가락으로 이걸 달달 긁어 그릇에 따로 담는다.

이맘때가 되면, 부엌 밖으로 이미 고소한 냄새가 새어 나간 탓일까? 아

밥이 뜸 드는 사이, 가마솥 바닥에는 노랗고 거뭇거뭇한 누룽지가 눌어붙었다. 이걸 숟가락으로 달달 긁으면 그 구수함이 코와 입을 설레게 했다.

이들이 우루루 아궁이 앞으로 모여든다. 한 입씩 누룽지를 받아 물게 되는 것은 물론이다.

그 맛! 그 구수함이라니!

하지만 누룽지 맛은 이걸로 끝나지 않는다. 주부는 미처 덜 긁어낸 누룽지가 눌어붙어 있는 솥에다 물을 붓는다. 그러고는 살짝 새로이 불길을 돋운다. 물이 끓어오르면 바가지에다 퍼 담는다. 그래서는 숭늉을 식구들이 이미 다 먹고 난 밥그릇에 쏟아붓는다. 식구들을 위한 후식인 셈이다.

그러나 오늘날, 전기밥솥에는 누룽지가 눌지 않는다. 누룽지와 숭늉은 이름도 가물가물해지고 말았다.

재강(술찌끼)

재강, 그게 뭘까? 온몸에 재를 뒤집어쓴 강아지, 재강아지의 준말일까? 설마! 지금의 젊은 층에는 통하지 않는 말일 것 같다. 그러나 두어 세대 이전의 사람이라면 재강이라는 말만 들어도 군침이 돌고 어리어리하게 취기가 돌 게 뻔하다.

재강은 '술찌끼'라고도 불렸다. 탁주濁酒, 곧 막걸리를 걸러내고 남은 찌꺼기다.

옛날 같으면 대개 집에서 막걸리를 담았다. '담그다'는 말은 물에 무엇인가를 가라앉히는 것을 의미하는 한편, 물에다가 곡식을 삶거나 찐 것을 누룩과 함께 가라앉히는 것을 의미하기도 했다. 그러니 '술을 담그다' 또는 '막걸리를 담그다'라고 하면, 그것은 양조釀造한다는 것과 같은 말이다.

재강은 막걸리를 걸러내고 남은 찌꺼기다. 두어 세 대 이전의 사람이라면 재강이라는 말만 들어도 군 침이 돌고 어리어리하게 취기가 돌 게 뻔하다.

찹쌀, 멥쌀, 보리쌀 등을 시루에 넣어서 쪄낸 고두밥 또는 지에밥을 효모 酵母인 누룩(밀을 띄운 것, 곧 발효시킨 것)과 섞어서는 물이 고인 술독에 가 라앉게 하는 것이 술 담그기의 시작이다. 그런 다음 일정 기간이 지나면 술 이 익는다. 보글보글 끓고 향기가 난다. 그렇게 다 익은 술은 체를 받쳐 걸 러내는데, 다 걸러내고 나면 남는 찌꺼기가 바로 '술찌끼'다. 누룩과 지에밥 찌꺼기가 한데 섞인 재강이다.

하지만 찌꺼기라고 해서 버리지는 않았다. 재강장을 담그고 재강죽을 끓 이기도 했다. 재강과 지에밥을 다시 섞어 익힌 간장이 바로 재강장이다. 양 념 또는 향료로서는 아주 훌륭했다. 알코올이 섞인 간장이다 보니 얼큰하기 도 했을 것이다.

재강죽은 이색적인 죽이다. 재강에 맨쌀을 넣어서 끓여낸 다음 설탕을 타면 재강죽이 되는데, 조금만 먹어도 웬만큼 취기가 돌았다. 고단한 세상살이 한때 잊고서 마음 편할 수도 있었다. 찌꺼기라면 으레 못 쓰는 것이고, 그래서 버려지는 것이 마땅할 텐데도 술 찌꺼기인 재강은 다시 먹을거리로 거듭났던 것이다.

그러나 그 슬기로움, 그 삶의 지혜는 이젠 옛말이다. 막걸리가 지구촌에서 제법 통하는 술이 되어간다는데, 재강은 어디로 간 걸까? 그 맛, 그 취기가 새삼 그립다.

개떡

개떡이라니, 그게 뭘까? 개가 먹는 떡일까? 설마 먹을 것이 부족하던 옛날에 개에게 떡을 해 먹였을 턱이 없다. 아니면 개고기를 삶은 뒤에 곡식 가루와 섞어서 쪄낸 떡일까? 설마!

개떡도 떡은 떡일 테지만, 시원찮고 시시껄렁하면 '개떡 같다'고들 하는 걸 보면 오죽잖은 것 같다. 그뿐만 아니다. 옛날부터 전해진 말치고 '개'란 말이 붙어서 좋은 건 단 하나도 없다. '개수작'이면 고약한 짓거리고, '개소리'라면 말도 안 되는 헛소리다. 오죽하면 '개소리괴소리'란 말이 따로 있을라고! 몹쓸 망나니를 보고는 '개망나니'라거나 '개불상놈'이라 부르고, 영 무식한 사람을 보고는 '개뿔도 모른다'고 욕을 한다. 또 맹탕이면 '개뿔도 없다'고 악담을 투덜대며, 하다못해 과일도 맛이 없거나 질이 나쁘면 개 자를 붙여서 '개살구' '개복숭아'라고 불렀다.

그러나 개떡을 본다면 악담을 하거나 욕만을 할 수는 없을 것이다. 흉년
이 들었을 때면 개떡은 배를 채우는 훌륭한 먹을거리가 되었고, 평소 군것
질거리로도 입에 넣고 오물거릴 만했던 것이다.

개떡은 여러 가지 곡식의 속껍질로 된 가루로 만들었다. '노깨'라는 밀가
루 내고 남은 찌꺼기나 메밀의 '속나깨'라 부르는 속껍질 말고도, 보리의 싸
라기나 쌀보리의 속껍질 등을 반죽해서도 개떡을 빚었다. 그러니까 하다못
해 쌀겨도 개떡 만드는 데는 쓰질 않았다. 순전히 메밀, 밀, 보리, 쌀보리
따위의 이른바 잡곡 부스러기로만 만들었던 것이다. 그것들을 가루 낸 뒤에
물로 반죽해서는 납작납작 반대기를 지어 밥 위에 얹어서 쪄 내면 그것이 이

개떡은 순전히 메밀, 밀, 보리, 쌀보리 따위의 잡곡
부스러기로 된 가루를 반죽한 뒤, 밥 위에 얹어 쪄
낸 음식이다. 씁쓰레하고 시큼하기는 했지만, 아이
들의 군것질거리로는 그럴 듯했다.

른바, 개떡이다.

그러니 맛이 나고 입에 감치게 되는 것은 아니었다. 그렇다고 '퉤!' 하고 뱉어낼 정도로 고약하지도 않았다. 씁쓰레하고 시큼하기는 했지만, 그런대로 시장기가 도는 입으로는 먹을 만했으며, 아이들의 군것질거리로는 그럴 듯하기도 했다. 오늘날로 치면 핫도그나 햄버거쯤에 견주어도 크게 흉이 될 것은 아니었다.

게다가 어머니가 애쓰고 마음 써서 만든 것이 다름 아닌 개떡이었다. 모두가 가난하던 때에 더 한층 마음 다잡아 먹고 어머니들이 만들었던 게 개떡이다. '개 팔자가 상팔자'란 말이 있듯이, 개떡 팔자도 그다지 나쁘진 않았던 것이다. 하지만 지금 세상의 아이들은 누구 하나 먹을 것 같지는 않다. 개가 한숨지을지도 모를 일이다.

풀떼기

풀떼기라니, 그건 또 뭘까? 풀과 떼, 그러니까 잔디가 뒤섞인 것일까? 설마! 먹을거리를 말하고 있는 중에 얼토당토않게 풀이라니, 당치도 않다. 어떻든, 먹을거리인 것은 뻔한데, 그 정체가 어떤 것인지 요즘 사람들은 궁금해질 것이다. 그래서는 풀을 끓이거나 풀을 섞어서 만든 먹을거리쯤으로 생각이 잡히는 게 아닐지 모르겠다. 풀떼기의 별명이 풀떡이다 보니, 그런 생각을 할 것도 같다. 쑥이나 고들빼기 따위의 풀을 곡식과 섞어서 만든 떡 쯤으로 여길 것 같기도 하다. 한데, 그렇지가 않다. 땅에서 나는 풀과는 아무 관계도 없다.

아무리 풀떡이라고 불렀다 해도 풀떼기는 죽이다. 쇠죽이나 말죽을 연상하거나 풀과 쌀을 섞어서 끓인 죽을 상상할 수도 있겠지만, 모두 아니다.

풀떼기는 죽은 죽인데 잡곡 죽을 이른다. 조, 수수, 옥수수 따위의 잡곡으로 끓인 죽이다. 한데 그것에는 두 가지가 있다. 하나는 잡곡 가루를 풀처럼 쑨 죽이고, 다른 하나는 잡곡의 날것을 갈아서 물을 짜내고 다른 잡곡의 날것을 섞어서 쑨 죽이다. 그러나 어느 쪽이든 잡곡으로 끓인 죽인 데는 변함이 없다.

지난 세월의 시골 농부는 대개가 가난에 찌들어 살았다. 논은 넉넉지 못했다. 더욱이나 산언덕의 비탈에 의지해서 밭농사를 짓는 농부에게 쌀은 매우 귀한 곡식이었다. 보리조차 마찬가지였다. 그러니 하루 세 끼는 고사하고 두 끼라도 넘기자면 잡곡에 의지하는 수밖에 도리가 없었다. 한데 수수나 조나 옥수수 따위로는 제대로 밥을 지을 수가 없었다. 천생 죽을 끓여 먹을 수밖에 딴 도리가 없었던 것이다.

그래서 도리 없이 풀떼기를 끓인 것이다. 그것은 가난과 고통의 먹을거리요 끼니였다.

한데 지금 세상에서는 아예 잡곡이 자취를 감추다시피 했다. 배불리 먹고도 쌀이 지천으로 남아 있으며, 수입한 밀가루로 만든 빵이 주식의 일부가 되다시피 하고 있다. 그래서 잡곡이 사라져가는 판에 풀떼기는 무슨 풀떼기. 그러니 이제는 그 이름마저 아는 사람이 드물어질 수밖에.

미숫가루

미숫가루는 곡식의 가루로 만든 먹을거리다. 찹쌀이나 멥쌀 또는 보리를 쪄서 말린 뒤에 가루를 낸 것이 다름 아닌 미숫가루다. 물론 사시사철 어느 때나 먹을 수 있었지만, 아무래도 미숫가루는 여름이 제철이었다. 그나마 한여름의 마실 거리로 미숫가루는 큰소리칠 만했다.

그 옛날, 선풍기도 에어컨도 없었던 시절, 여름 나기는 여간 힘겨운 게 아니었다. 땀에 저리고 일에 지치게 마련인 게 여름이었다. 하루해가 길다 보니 지루한 데다 시장기도 자주 들었다. 목도 바싹바싹 말랐다. 그럴 때, 바로 그럴 때, 미숫가루 한 대접이 안성맞춤이었다.

갓 길어낸 차가운 우물이나 샘물에다 미숫가루를 탄다. 그러고는 흔하게

찹쌀이나 멥쌀 또는 보리를 쪄서 말린 뒤에 가루를 낸 것이 미숫가루다. 그러나 한여름의 마실 거리로 미숫가루는 큰소리칠 만했다.

는 설탕을 쳤지만, 집안 사정이 넉넉한 경우에는 꿀을 섞기도 했다.

미숫가루 대접을 들고는 처음엔 두어 모금 입맛을 다신다. 아니면 야금야금 몇 숟갈 떠서 먹어본다. 그런 다음 숟가락으로 휘휘 저어서는 꿀꺽꿀꺽 들이켠다.

"아, 시원하다!" 하는 아버지 곁에서, "아, 구수하다!" 하고 꼬마도 감탄을 토한다.

찹쌀 미숫가루는 차져서 좋고, 보리 미숫가루는 메지지만 구수해서 좋다.

그러니 "한 그릇 더 먹을래요!" 꼬마들이 보챌 수밖에. 이렇게 납량納凉해서는 시원하게 보냈던 여름도 이젠 옛말이 되고 말았다.

배고픔을
달래주던 것들

칡뿌리

일러서 '초근목피草根木皮'라는 게 있다. 다잡아서 풀이하면 '풀뿌리와 나무껍질'이란 말인데, 옛날에 가뭄이 들거나 큰물이 져서 농사를 망쳐서는 입에 풀칠할 것조차 없으면 초근목피로 먹을거리를 삼았다. 사람들은 굶주리다 못해 풀뿌리를 캐 먹거나 나무껍질을 긁어 먹곤 했다. 가난과 굶주림의 끝장이 '초근목피'란 말에 담겨 있었던 셈이다.

실제로 그랬다. 기근이 들어서 농사의 수확이 없으면 가난한 농민은 끼니를 거를 수밖에 없었다. 쌀죽은커녕 보리죽마저 먹는 것이 난감해지면 소위 피죽으로 끼니를 때워야 했다. 그러다 더 궁핍해지면, '사흘에 피죽도 한 번 못 먹는 꼴'을 당하게 된다. 피는 볏과의 한해살이 식물이다. 가뭄이 들어서 벼농사를 망치면 논에다 피를 심었다. 소위 구황식물救荒植物의 한 가

피죽도 제대로 못 먹어 초근목피로 끼니를 때워야
할 때, 예전 사람들은 갈근(葛根)이라고도 하는 칡
뿌리를 캐 먹었다.

지였던 셈인데, 흉년에 곡식을 못 짓게 되었을 때 급한 고비를 넘기기 위해
서 심어서 먹을거리로 삼았던 게 구황식물이다. 한데 그런 피죽도 제대로
못 먹으면 초근목피로 끼니를 때워야 했다. 그럴 때, 한자로 '갈근葛根'이라
고도 하는 칡뿌리는 대표적인 먹을거리가 될 수밖에 없었다.

칡뿌리 자체를 통으로 질근질근 씹어 먹는가 하면, 떡이나 국수를 만들
어서 먹기도 했다. 칡뿌리를 캐서 잘게 찧어서는 체에 앉혀서 거르면 앙금
이 앉는다. 그것을 받아서 쌀과 섞어 떡을 만들거나 국수를 빚어 먹기도 했
다. 앙금을 걸러 말리면 가루가 되는데 그것을 밀가루와 섞어서는 국수를
빚었다. '칡떡'과 '칡국수'는 그렇게 해서 생긴 것이다.

하지만 그것도 이젠 옛날 일이다. 온 나라 안에 쌀이 남아돌지만, 하루
한 끼쯤은 고기나 빵으로 넘기는 수가 많다. 그러니 구황식물이니 초근목피
니 하는 말은 아예 잊히고 말았다. 요즘 전국 어디나 산비탈은 칡넝쿨로 뒤

덮이다시피 하고 있지만 칡은 산에 오르는 사람의 발목을 낚아채는 말썽꾸러기 대접밖에는 못 받고 있다.

고욤

'고욤 일흔이 감 하나만 못하다'는 속담이 있다. 고욤을 아무리 많이 먹어보아야 감 하나를 먹는 것만 못하다는 뜻 말고도, 자질구레하고 시시한 걸 아무리 많이 모아본다 해도 귀한 물건 하나를 못 당한다는 뜻으로 쓰이기도 한다.

하지만 이 말뜻을 알아들을 사람은 많지 않을 것 같다. 젊은이나 청소년들은 '그게 무슨 소린데?' 하고 고개를 내저을 것이다. 고름이라면 몰라도 고욤은 듣도 보도 못했다는 사람도 제법 있을 것이다.

고욤은 감나뭇과의 식물에 달리는 열매다. 나무의 모양새나 잎의 생김새는 감나무를 닮아 있다. 그래서 봄이면 감꽃을 닮은 흰 꽃이 피고 난 다음, 영락없이 감을 닮은 작은 열매가 맺힌다. 첫눈에는 꼭 새끼 감처럼 보인다. 그러던 것이 가을이 되면 감처럼 노리끼리하게 익는다. 따서 먹으면 단맛보다는 쓴맛이 배어나곤 했으니 그 자체로는 맛난 과일이라 말하기 어렵다.

요즘처럼 먹을거리며 군것질거리가 많은 시절에는 아예 입에 대려고도 않겠지만, 군것질거리가 많지 않던 지나간 시절에 고욤은 그나마 아이들이 즐겨 먹던 과일이었다. 하지만 그래 보아야 땡감만큼이나 떫은 게 고욤이었다. 먹긴 먹지만, 얼굴을 잔뜩 찡그리게 되는 것이 그것이었다.

그래서는 생각해낸 것이 고욤 담그기였다. 우선 익은 고욤을 냄비 같은 큰 그릇에 잔뜩 담는다. 그러고는 숟가락으로 저어 으깬 뒤에 개서는 반죽을 만든다. 그다음은 그것을 작은 독에 담아서 묵히는 차례다. 뚜껑을 덮어서 며칠 푹 삭혀서는 뜨게 하는 것이 마지막 손질이다. 그래서 발효시킨 고욤은 단맛이 제법 진해져서는 새콤달콤한 풍미를 냈다. '궁하면 통한다窮卽通'는 속담은 이럴 때 쓰기 알맞을 것이다.

지금 세상에는 아이들 군것질거리가 지천이라 떨떠름한 맛의 고욤은 아무도 먹을 것 같지 않다. 그러자니 아예 고욤나무 자체가 귀해졌고, 또 아예 사라져가는 모양이다.

청시

고욤이 잊힌 말이듯이, 청시 또한 사람들 기억 속에서 까마득히 사라지고 말았다. 나이 지긋한 어른이라면 몰라도 젊은 층이나 청소년은 먹어보기는커녕, 들어본 적도 없을 것 같다.

'푸를 청靑'에 '감 시柿'를 붙여서 청시라고 하니까, 청시는 다름 아닌 푸른 감을 가리킨다. 청시는 익지 않은 '풋감'이다. 생감이고 땡감이다. 당연히 떫고 떫어서 못 먹게 되어 있다. 그런데도 웬 청시 타령일까?

여름에 큰바람이 불면 풋감이 나무에서 떨어진다. 나무 밑에 제법 수북하게 쌓이기도 할 텐데, 물론 요즘 같으면 사람들이 거들떠보지도 않았을 것이다. 발길에 차이는 대로 내버려둘 것이다. 하지만 먹을거리가 귀했던 지난 시절엔 그럴 수가 없었다. 사람들은 청시 알을 하나하나 주워 모아 물에 깨끗하게 씻은 뒤에 정성스레 작은 독 안에 챙겨 넣었다. 그런 뒤에 아주

청시 맛이야 말로 인생의 고락, 바로 그 맛이다. 떨
어진 풋감을 모아 두었다가 발효시키면 짭조름하고
도 달콤한 청시의 맛이 탄생했다.

머니들은 청시 더미에다 소금을 고루 뿌렸다. 낟알마다 고루 간이 스미게
했는데, 사람들은 그걸 '가이 간다'고들 불렀다.

그러고는 청시가 든 독을 제법 오랫동안 부엌이나 방 한쪽에 묵혀두었다.
그러면서 청시 알마다 간이 배어 익기를, 이를테면 발효되기를 기다렸다.

일정한 시기를 거쳐 알맞게 익은 청시도 껍질은 여전히 푸르죽죽하다. 하
지만 칼로 쪼개 드러난 속살은 그 빛깔이 노르스름하다. 맑고 엷은 황색이
어서 보석 알같이 보이기도 한다. 그러니 입에 물기가 좀 무엇해진다. 하지
만 입맛이 도는 걸 어쩌랴.

204   우직! 깨문다. 입안에 짭짤하고 달콤한 물이 배어난다. 짭조름하고도 달

콤한 맛, 그게 바로 청시의 맛이다.

'인생의 고락苦樂'이란 말을 사람들은 자주 쓴다. 사람으로 사는 일이 괴로움과 즐거움의 되풀이라는 뜻이지만, 그게 쓰고 달다는 뜻으로도 풀이될 수 있을 텐데, 청시의 맛이야말로 바로 인생의 고락, 바로 그 맛이다.

한데 청시는 그 모양새가 더 멋지다. 보는 사람의 마음을 더 끈다. 칼로 갓 쪼개놓은 청시의 모양새는 그야말로 '하트' 모양이다. 심장 모양을 빼닮았다. 하니 양쪽으로 타원형이 맞물린 그 모양새가 여간 예쁜 게 아니다. 거기다 빛깔마저 엷은 황금빛이다.

황금 빛깔의 하트! 그게 익은 청시다.

소년 가운데는 그걸 줄에 꿰어서 예쁜 여자 친구 목에 걸어주자고 들기도 했다. 소녀의 목덜미 바로 아래, 그 흰 가슴에 달랑댈 하트 형의 보석! 그게 청시였다.

하지만 이제, 지금 세상에 청시는 사라지고 없다. 감나무 아래 풋감이 나뒹굴어도 아무도 돌보는 사람이 없다. 그걸 보석처럼 여길 소년도 소녀도 없다. 아무도 없다.

까치밥

까치밥이라니, 그게 뭘까? 까치가 잡아먹는 벌레나 주워 먹는 곡식알을 그렇게 부르는 걸까? 그래서 날짐승인 까치에게도 사람처럼 하루 세 끼니가 있고, 그때마다 밥을 챙겨 먹는다는 걸까?

늦가을 푸른 하늘

빈 가지 끝,

높다랗게 붉은 감 한 알.

바람이 설레면,

빨간 구슬 알 하나,

진홍빛으로 눈부시다.

이렇게 읊조릴 만한 게 다름 아닌, 까치밥이다.

어느 시골 마을, 누르께한 초가집을 에워싸고 있는 흙담을 끼고 서 있는 감나무 한 그루! 잎이 거의 다 져서 마른 가지가 온통 다 비었다. 나무는 알몸이나 마찬가지. 바싹 찌든, 마른 잎이 한둘 너풀대다 보니 더 한층 앙상하다 못해 애틋하다.

한데 그 앙상한 나무 꼭대기쯤에 달랑하니 감이 한 알! 까치밥이다! 푸른 하늘을 등지고는 그 주홍빛이 유난히 돋보인다. 왜 그럴까? 왜 외톨이로 남아 있을까? 따다 만 것일까? 아니면, 떨어지다 만 것일까? 궁금하다.

그런데 그것을 하필 이름 지어서는 '까치밥'이라고 불렀을까? 까치의 먹이로 일부러 남긴 것이라면 너무 인심이 야멸치다. 수북하게까진 몰라도 대여섯 개는 넘게 챙겨주어야만 까치한테서 인심 사납단 소릴 안 들을 텐데, 이건 아무래도 야박하다.

하긴 늦은 가을이나 초겨울의 춥고 배고플 때면 까치들이 즐겨서 그 까치밥을 먹을 만하긴 하다. 그래서 그 마지막 남은 한 알의 감은 까치의 밥이 되기도 했을 것이다.

206　하지만 까치 먹이 하라고 일부러 한 알의 감을 나무에 남겨둔 것은 아니

다. 그것에는 다른 곡절이 깃들어 있다.

그러고 보니 단 하나, 단 한 포기 외톨이로 남겨진 보기가 또 있음을 생각하게 된다. 그것은 다름 아니고 추수가 끝난 텅 빈 논에 오직 한 포기로 남겨진 벼다. 드넓은 논에 단 한 포기 일부러 남겨진 그 벼는 너무나 외롭다. 늦가을 거친 바람보다는 그 벼이삭이 쓸쓸함을 더하게 마련이다.

'외톨이의 벼! 그건 또 뭘까?' 하는 물음은 '외톨이의 감 알! 그게 뭘까?' 하는 물음과 맞물릴 듯하다.

무엇에나 '마지막 하나'는 요긴하고 중요하다. '최후의 일각—刻'이라면 '마지막 한때'란 뜻이다. '최후의 일병—兵'이라면 '마지막 한 사람 남은 병사'란 뜻이다. 그렇듯이 옛사람들은 '최후의 한 푼'을 깍듯이 아꼈다. 돈주머니가 홀라당 비게 하지는 않았다. 거기 든 돈을 몽땅 쓸 일이 생겨도 꼭 동전 한 닢만은 아껴서 남겨두었다.

왜 그랬을까? 텅텅 비는 게 섭섭했던 것일까? 그럴 수도 있을 테지만, 그보다는 월등 다급한 사연이 거기 묻혀 있다. '씨돈!'이란 생각이 거기 깃들어 있었던 것이다. 씨가 되어서 돈을 더 낳고 더 불리는 구실을 맡아낼 돈이 바로 '씨돈'이니 왜 안 그렇겠는가.

빈 주머니의 외톨이 동전 한 푼과 빈 들의 외톨이 벼 이삭 한 포기는 너무 닮아 있다. 텅 빈 나무에 외톨이로 달린 감도 같은 모양새다. 그러기에 이들 세 가지의 '최후의 하나'는 숨겨진 사연도 함께 나누어 가지는 셈이다. 까치밥은 그런 의미를 지니는 감이다. 마지막 남은 한 알이 다음 해 봄에 더 많은 감꽃을 피우게 하고, 그래서 보다 풍족한 열매가 달리게 하는 데 큰 구실을 하게 될 거라고 옛사람들은 믿었다.

뭐든 수는 1에서 시작한다. 1, 2, 3, 4…… 이것은 숫자의 질서다. 한데 시작이 좋으면 거기 이어진 중간도 마무리인 끝도 좋을 것이라고 사람들은 믿었다. 오죽하면, '시작이 반'이라고 했겠는가. 그래서도 까치밥 한 개가 남겨진 것이다.

한데 이 비슷한 얘기가 통할 버릇을 두어 세대 전의 아이들은 갖고 있었다. 연필통 속에 남겨진 마지막 몽당연필 한 자루가 그것이다. 그건 굳이 남겨두고는 깎아서 쓰지 않았다. 버리거나 하지도 않았다. 언제나 같은 몽당연필의 꼴을 지키고 있었다. 새로 사들인 연필은 깎고 또 깎아서 쓰다가 새끼손가락 길이만큼 짧아지면 버리게 마련이지만 미리부터 두고두고 간직해 온 그 몽당연필은 필통 속에 고이고이 간직했다. 그것이 '씨 연필'이 되어서 새 연필을 물고 올 것이라고 믿었기 때문이다. 그것은 필통 속의 까치밥 같은 것이었다.

그렇지만 이제 우리에게 까치밥 따위는 없다. 아이들도 필통 속에 최후의 몽당연필을 간직하려 하지 않는다. 별의별 연필과 볼펜이 풍족한 가운데 풍요를 기원하는 작은 소망을 간직하는 애틋한 마음조차 씨가 말랐기 때문 아닐까.

마지막 남은 까치밥 한 알이 다음 해 봄에 더 많은 감꽃을 피우게 하고, 그래서 보다 더 풍족한 열매가 달리게 하는 데 큰 구실을 하게 될 거라고 옛사람들은 믿었다.